Patientenverfügung und Vorsorgevollmacht

Gerhard Geckle
Michael Bonefeld

3. Auflage

Inhalt

Patientenverfügung — 5
- Patientenverfügung – dafür brauchen Sie sie — 6
- Was Sie verfügen können — 7
- Wie wirksam ist die Patientenverfügung? — 9
- Ziele der Patientenverfügung — 18
- Voraussetzungen und Inhalte — 19
- Wie Sie eine Patientenverfügung korrekt formulieren — 27
- Muster einer Patientenverfügung — 46
- Vorsicht vor fehlerhaften Formulierungen — 54
- Zeitlicher Geltungsbereich — 58
- Wo Sie die Patientenverfügung am besten aufbewahren — 59

Vorsorgevollmacht — 65
- Vorsorgevollmacht – dafür brauchen Sie sie — 66
- Was Sie mit der Vorsorgevollmacht alles regeln können — 67
- Umfang und Geltungsbereich der Vorsorgevollmacht — 71
- Ab wann sollte die Vorsorgevollmacht gelten? — 80
- Welche Sicherungen sollten Sie aufnehmen? — 81
- Wann kommt es zur Amtsbetreuung? — 87
- Formale Anforderungen der Vorsorgevollmacht — 92
- Muster einer Vorsorgevollmacht — 93
- Wann wird eine Notarvollmacht erforderlich? — 102
- Registrierung beim Vorsorgeregister? — 106

Betreuungsverfügung 113
- Wann das Betreuungsgericht eingreift 114
- Anwendungsbereich und Formalia der Betreuungsverfügung 118
- Betreuungsverfügung oder Vorsorgevollmacht? 121
- Ihr persönlicher Notfallausweis 122

- Nützliche Links 124
- Stichwortverzeichnis 125

Vorwort

Die Grenzsituationen bei Krankheit und dem langsamen Sterben stellen häufig sowohl die behandelnden Ärzte als auch nahe Angehörige vor die Frage, wie der Patient in diesen Situationen behandelt werden möchte: Möchte er, dass bestimmte Behandlungsmethoden nicht angewendet werden und sich damit sein Leidensweg verkürzt? Oder möchte er vielmehr, dass auch auf Dauer sämtliche lebenserhaltenden Maßnahmen durchgeführt werden sollen? Und was geschieht, wenn ein Patient über längere Zeit bewusstlos ist – wer erledigt dann seine Rechtsgeschäfte?

Für den Fall, dass Sie in dem Moment/Zeitraum, in dem es nötig ist, nicht mehr in der Lage sind, Entscheidungen zu treffen, können Sie vorsorgen: mit einer Patientenverfügung, einer Vorsorgevollmacht und/oder einer Betreuungsverfügung. Wie Sie diese Verfügungen und Vollmachten rechtsgültig formulieren und was es dabei zu beachten gilt, das erfahren Sie kompakt und leicht verständlich in diesem Taschenguide.

Diese Neuauflage berücksichtigt die 2009 erfolgte gesetzliche Regelung zur Patientenverfügung über die neue Vorschrift des § 1901a BGB, der die rechtliche Bindung festlegt. Die grundsätzliche Empfehlung, jegliche Erklärungen in Bezug auf eine Patientenverfügung oder eine Vorsorgevollmacht unbedingt schriftlich festzulegen, hat sich damit über die gesetzliche Neuregelung zur Patientenverfügung ausdrücklich bestätigt.

Patientenverfügung

Was geschieht mir, wenn ich wegen eines medizinischen Notfalls nicht mehr persönlich über meine Angelegenheiten, meine Vorsorge für die verschiedensten Lebensbereiche entscheiden kann? Möchte ich, dass in einem bestimmten Stadium auf lebenserhaltende Maßnahmen grundsätzlich verzichtet wird?

In ca. 10 Millionen Patientenverfügungen haben die Bundesbürger bereits ihre höchstpersönliche Entscheidung zur Festlegung von Art und Umfang zur ärztlichen Weiterbehandlung bei Schwersterkrankungen und für die Sterbephase getroffen.

In diesem Kapitel erfahren Sie zunächst

- welche rechtlichen Bedingungen für die Patientenverfügung gelten (S. 9),
- welche Inhalte eine Patientenverfügung haben kann bzw. welche Entscheidungen Sie damit treffen können (S. 19 ff.) und
- wie eine von Ihnen persönlich erstellte Patientenverfügung aussehen kann (Musterverfügung ab S. 46).

Patientenverfügung – dafür brauchen Sie sie

Beispiel: plötzlicher Schlaganfall

Der Ehemann erleidet plötzlich einen Schlaganfall mit Teillähmung. Beide Ehepartner haben bereits seit längerer Zeit darüber diskutiert, dass man doch eine Patientenverfügung abfassen sollte. Die Ehefrau hat sogar den ausgefüllten Vordruck zu Hause, die Erklärungen sind jedoch noch nicht unterschrieben. Mit zittriger Hand leistet der Ehemann im Krankenhaus „noch schnell" seine Unterschrift. Das vorbereitete Muster enthält jedoch noch kein Datum.

Hält diese Verfügung einer späteren juristischen Überprüfung stand? Es spricht zwar alles dafür, dass der Ehepartner für die Verfügung im Vollbesitz seiner geistigen Kräfte war. Außerdem ist davon auszugehen, dass seine damalige Entscheidung auch jetzt noch seinem Willen entspricht.

Aber sehr schnell drängen sich Fragen auf, ob diese Verfügung auch für die weiteren Folgen der jetzigen Krankheit angewendet werden soll.

Patientenverfügung hat Gültigkeit

Der Bundesgerichtshof hat zunächst grundsätzlich anerkannt, dass eine Patientenverfügung mehr ist als ein bloßes Indiz für einen mutmaßlichen Willen. Es handelt sich vielmehr um eine zu akzeptierende Eigenerklärung des Patienten. Dieser Patient war aufgrund seines Selbstbestimmungsrechts daher auch berechtigt, ohne eine vorherige ausführliche Aufklärung oder Beratung z. B. durch einen Arzt über die Anwendung lebenserhaltender Maßnahmen eine Entscheidung zu treffen.

Die schriftliche Abfassung einer Patientenverfügung dokumentiert eindeutig den Willen in Bezug auf bestimmte Behandlungsmaßnahmen – allerdings auch mit dem Risiko, dass bei einer irreversiblen Bewusstlosigkeit die Möglichkeit ausscheidet, sich später doch noch anders zu entscheiden.

Was Sie verfügen können

Zunächst einmal gilt der unumstößliche Grundsatz, dass Sie als Patient jedem ärztlichen Eingriff, also auch jeder lebensverlängernden bzw. -erhaltenden Maßnahme zustimmen müssen.

Dies setzt natürlich voraus, dass Sie die medizinische Tragweite und den Umfang der geplanten Maßnahmen verstehen können, also „einwilligungsfähig" sind.

> Verlangt wird für anstehende Behandlungen eine „natürliche Einsichts-, Urteils- und Steuerungsfähigkeit", auch bei bereits betreuten Personen und Minderjährigen.

Patient muss medizinischer Behandlung zustimmen

Sie können also die Verlängerung oder den Abbruch einer lebenserhaltenden oder -verlängernden Maßnahme ablehnen, selbst wenn Ihr Arzt Ihnen etwas anderes empfiehlt – sogar dann, wenn eine schwere Erkrankung bereits einen absehbaren tödlichen Verlauf genommen hat.

Umgekehrt können Sie als einwilligungsfähiger Patient natürlich jederzeit früher getroffene Festlegungen und Verfügungen – egal ob mündlich oder schriftlich – widerrufen. Vorausgesetzt, Sie sind hierzu in der Lage!

Ablehnung von lebenserhaltenden Maßnahmen

Passive Sterbehilfe

Ohne an dieser Stelle zu konkret in die medizinischen Behandlungsabläufe einzugehen, ist es rechtlich und ethisch zulässig, bei Beachtung des Patientenwillens lebenserhaltende Maßnahmen zu unterlassen bzw. abzubrechen (dies ist die sog. passive Sterbehilfe).

Indirekte Sterbehilfe

Außerdem ist es zulässig, durch eine medizinisch fachgerechte Schmerz- oder Symptombehandlung eine Lebensverkürzung des Patienten in Kauf zu nehmen (sog. indirekte Sterbehilfe).

In diesem Zusammenhang ist es empfehlenswert, sich in einem Gespräch mit dem Arzt über die palliativmedizinische Versorgung zu informieren – also über die Bereitstellung geeigneter Behandlungsmaßnahmen zur Schmerzlinderung.

- Eine künstliche Flüssigkeits- und Nahrungszufuhr,
- maschinelle Beatmung,
- Dialyse oder

- zusätzliche Eingriffe bis hin zu Operationen bei Entzündungszuständen

sind Maßnahmen, die dem Bereich der lebenserhaltenden bzw. -verlängernden Maßnahmen zuzuordnen sind. Auch diese Behandlungen können durch dokumentierte Willensäußerungen abgelehnt werden.

Erst danach folgt im Regelfall das palliative ärztliche und pflegerische Versorgungsangebot, also

- fachgerechte Pflege,
- menschenwürdige Unterbringung,
- Hilfe bei der Nahrungs- und Flüssigkeitsaufnahme,
- Linderung von Schmerzzuständen und sonstigen belastenden Symptomen und schließlich
- Hospiz- bzw. seelsorgerische Betreuung ab Beginn der Sterbephase.

Wie wirksam ist die Patientenverfügung?

Zum Bereich Patientenverfügung und (mögliche) Sterbehilfe bedarf es einiger Erläuterungen.

Patientenverfügung für jeden möglich

Jeder kann eine Patientenverfügung verfassen, der in der Lage ist, die Tragweite der inhaltlichen Festlegungen zu verstehen. Dies gilt selbst für teilweise in ihrer Geschäftsfähigkeit eingeschränkte Personen. Außerdem gilt dies eventuell sogar dann, wenn bereits eine Amtsbetreuung (vgl. Kap. zur Betreuungsverfügung in diesem TaschenGuide, S. 113) für einzelne Bereiche vorliegt, z. B. für Vermögensangelegenheiten. In einem solchen Fall ist die Einschaltung eines Arztes jedoch auf jeden Fall zu empfehlen.

Sonderfall Minderjährige

Auch Minderjährige können Patientenverfügungen verfassen. Wenn der Ernstfall bei Personen unter 18 Jahren eintritt, muss allerdings davon ausgegangen werden, dass die behandelnden Ärzte dann auf jeden Fall die Zustimmung der Eltern oder anderer sorgeberechtigter Personen zu den Festlegungen verlangen.

Machen sich Arzt oder Pflegepersonal strafbar?

Seit Jahren werden in rechtlicher Hinsicht die Grundlagen und Grenzen (noch) zulässiger Sterbehilfe diskutiert. Vorrangig geht es darum, inwieweit sich ein Arzt oder das Pflegepersonal strafbar macht. Nach der seit 2009 geltenden Gesetzesfassung sind behandelnde Ärzte von Strafsanktionen freigestellt, solange sie dem erklärten Willen des Patienten mit Festlegungen durch Vorausverfügungen zur Abstandnahme von lebenserhaltenden Maßnahmen folgen. Strafbar machen sie sich demnach nur noch mit Handlungen, die dem Wunsch des Patienten widersprechen. Wobei nach der Berufsordnung jede Beihilfe zum vom Patienten gewünschten Freitod strikt verboten ist, da sie dem derzeitigen ärztlichen Ethos widerspricht. Auch bei später bewusstlosen Patienten ist allein deren mutmaßlicher oder erklärter Wille zum Behandlungsabbruch entscheidend.

Die Diskussion, ob Ärzte bei todkranken Patienten Sterbehilfe leisten dürfen, beschäftigt derzeit die Standesorganisationen unabhängig von allen strafrechtlichen Aspekten. Die Empfehlung der Bundesärztekammer und der Zentralen Ethikkommission zum Umgang mit Vorsorgevollmacht und Patientenverfügung in der ärztlichen Praxis (Dt. Ärzteblatt 2010, S. 877 ff.) sieht vor, dass behandelnde Ärzte auch bei vorgelegter Muster-Patientenverfügung die angegebenen schriftlich festgelegten Maßnahmen und Situationen mit den eigenen aktuellen Wertvorstellungen und Behandlungswünschen des Patienten vergleichen.

Auch in Situationen, die in einer Patientenverfügung möglicherweise nicht hinreichend erfasst sind, soll der mutmaßliche Patientenwille anhand früherer, in gesunden Tagen geäußerter Festlegungen ermittelt werden. Zudem besteht für behandelnde Ärzte auch weiterhin die ärztliche Dokumentationspflicht. Damit wird die Wirkung einer vorliegenden Patientenverfügung auch berufsrechtlich respektiert, wobei die höchstpersönliche ethische und moralische Wertung des behandelnden Arztes hiervon unberührt bleiben dürfte. Wohl Mitte 2011 sind angepasste Standesrichtlinien für Ärzte und ggf. eine modifizierte Berufsordnung zu erwarten.

Sind Patientenverfügungen bindend?

Die Verbindlichkeit einer Patientenverfügung wurde zwischenzeitlich nach der Rechtsprechung des Bundesgerichtshofs bereits anerkannt (so u. a. BGH, Urteil v. 17.3.2003, BGH Z 154,217). Auch die Bundesärztekammer betont dies in ihren Stellungnahmen zur ärztlichen Sterbebegleitung (u. a. DÄBl. v. 7.6.2004, DÄBl v. 7.5.2010).

Die vorliegende Patientenverfügung ist eine vorweggenommene Willenserklärung des erklärungsfähigen Patienten für den Fall seiner möglichen späteren Einwilligungsunfähigkeit. Hiervon geht auch die nun geltende Gesetzesfassung als Ausdruck des fortwirkenden Selbstbestimmungsrechts in § 1901a BGB aus.

Rechtliches Fundament der Patientenverfügung

Der Bundestag hat 2009 dem Entwurf eines Dritten Gesetztes zur Änderung des Betreuungsrechts zugestimmt (BT-Drucksache 16/8442). Auch der Bundesrat hat sich diesem Lösungsvorschlag angeschlossen (BR-Drucksache 593/06). Damit sind mit Wirkung ab dem 1.9.2009 die neuen wichtigen BGB-Regelungen (§§ 1901a BGB ff.) als gesetzgeberische Grundlage in Kraft getreten.

Die wichtigsten gesetzlichen Vorgaben

1 Mit dem Grundsatz einer schriftlichen Festlegung eines einwilligungsfähigen Volljährigen können nach § 1901a BGB bestimmte, zum Zeitpunkt der Festlegung noch nicht unmittelbar bevorstehende Untersuchungen des Gesund-

heitszustandes, Heilbehandlungen oder ärztliche Eingriffe genehmigt oder durch eine Patientenverfügung untersagt werden.

2. Das Gesetz geht von einer schriftlich abgefassten Patientenverfügung aus und einer Abfassung ohne jegliche Formvorschriften. Wobei aber – ohne gesetzgeberische Vorgabe – bei schriftlicher Erstellung zumindest die eigenhändige Unterschrift unter einem Vordruck oder die Aufnahme des Inhalts durch Beurkundung des Notars z. B. bei Schreibunfähigen als Nachweis auf jeden Fall mitbeachtet werden sollte. Die erstellte Verfügung kann zudem auch völlig formlos widerrufen werden. Der Widerruf wird also selbst dann wirksam, wenn früher eine notariell abgefasste Verfügung erstellt wurde. Voraussetzung ist allerdings eine Einsichts- und Entscheidungsfähigkeit zur Willensäußerung zu diesem Zeitpunkt.

3. Ist dies der Fall, hat ein Bevollmächtigter oder eingesetzter Betreuer/Bevollmächtigter dem Willen des Betreuten Ausdruck und Geltung zu verschaffen.

4. Liegt keine schriftlich errichtete Patientenverfügung vor oder treffen die Festlegungen einer Patientenverfügung nicht auf die aktuelle Lebens- und Behandlungssituation zu, so hat der Bevollmächtigte oder Betreuer die Behandlungswünsche oder den mutmaßlichen Willen des Betreuten festzustellen und damit zu entscheiden, ob in eine ärztliche Maßnahme eingewilligt oder diese untersagt wird. Dabei sind insbesondere frühere mündliche oder schriftliche Äußerungen, ethische oder religiöse Überzeu-

gungen und sonstige persönlichen Wertvorstellungen des Betreuten zu berücksichtigen.

5 Diese Grundsätze gelten unabhängig von Art und Stadium einer Erkrankung des Betreuten, das Gesetz sieht daher keine „Reichweitenbegrenzung" vor. Dies gilt somit für alle Krankheiten, die in absehbarer Zeit zum Tode führen können (Herz-Kreislauf-Erkrankungen, Organversagen u. a.) bis hin zu Krankheiten, bei denen die Sterbephase zeitlich entfernt sein kann (Wachkoma, Demenz-Fälle).

6 Der behandelnde Arzt hat zunächst zu prüfen, welche ärztlichen Maßnahmen im Hinblick auf den akuten Gesundheitszustand und die Prognose indiziert ist (§ 1901b BGB). Dabei hat er und auch der Betreuer/Bevollmächtigte für die Entscheidung den dokumentierten Patientenwillen für die Maßnahmen zu berücksichtigen.

7 Bei der Festlegung des Patientenwillens oder der Behandlungswünsche oder des mutmaßlichen Willens soll nahen Angehörigen und sonstigen Vertrauenspersonen des Betreuten Gelegenheit zur Äußerung gegeben werden, sofern dies ohne erhebliche Verzögerung möglich ist.

8 Es darf niemand zur Errichtung einer Patientenverfügung verpflichtet werden. Die Errichtung oder Vorlage einer Patientenverfügung darf nicht zur Bedingung eines Vertragsabschlusses gemacht werden (z. B. bei Verträgen mit Pflege- oder Altenheimen).

9 Soweit kein Einvernehmen für eine Entscheidung zur Vorgehensweise auf der Grundlage einer vorliegenden Patientenverfügung oder durch Berücksichtigung des mutmaßli-

chen Willens erreicht werden kann, muss das Betreuungsgericht (bisher Vormundschaftsgericht) zur Genehmigung von ärztlichen Maßnahmen angerufen werden (§ 1904 BGB).

> Soweit für die Erstellung einer Patientenverfügung eine ärztliche Beratung über Krankheitsbilder, Möglichkeiten ihrer ärztlichen Behandlung und die Folgen eines Abbruchs oder die Nichtvornahme von Behandlungsmaßnahmen gewünscht wird, sollte die mögliche Kostentragungspflicht mit dem Arzt/Hausarzt zuvor besprochen werden. Denn der Gesetzgeber hat von einer Kostenübernahme für die ärztliche Beratung als Leistungsanspruch im Sozialgesetzbuch abgesehen.

Ob ein Hausarzt eine persönliche Beratung über die Tragweite einer Verfügung tatsächlich abrechnet, sollte im Arztgespräch geklärt werden. Auf jeden Fall ist es empfehlenswert, den Arzt des Vertrauens/Hausarzt unabhängig von gebotener Beratung und Aufklärung über die erfogte Errichtung einer Patientenverfügung zu unterrichten, damit dies in der dortigen Patientenkartei vermerkt wird.

Medizinische Beurteilung notwendig

Unstreitig dürfte der Grundsatz sein, dass jeglicher Wunsch nach Einstellung der lebenserhaltenden Maßnahmen einer vorherigen medizinischen Beurteilung bedarf. Somit muss der eingeschaltete Arzt unter Berücksichtigung seines Behandlungsziels eine Entscheidung für oder gegen weitere lebenserhaltende Maßnahmen treffen. Soweit ein Arzt darüber nicht entscheiden möchte, können z. B. in Krankenhäusern weitere Ärzte zur internen Abstimmung zugezogen werden.

Frage der Patientenautonomie

Erst im zweiten Schritt geht es dann um die Kernfrage der sog. Patientenautonomie, d. h. der freien Entscheidung des Patienten, ob er entsprechend der medizinischen Einschätzung weiter behandelt und versorgt werden möchte oder nicht.

Jeder Arzt ist daher zunächst verpflichtet, dieses Selbstbestimmungsrecht des Patienten zu beachten. Also muss geklärt werden, ob ein Patient das Angebot lebenserhaltender Maßnahmen annehmen möchte oder nicht.

Problemfall: Patient ist nicht mehr einwilligungsfähig

Die Beantwortung solcher Fragen ist natürlich dann schwierig, wenn der Patient selbst nicht mehr zur Abgabe einer Zustimmungserklärung in der Lage ist.

Daher sollte man zum Verständnis der Rechtswirksamkeit von Patientenverfügungen zunächst einmal unterscheiden zwischen

- dem einwilligungsunfähigen Patienten, der sich bereits über eine vorliegende Patientenverfügung oder über sonstige Hinweise bzw. Willenserklärungen zur Frage einer Weiterbehandlung geäußert hat, und
- dem Patienten, der in der Vergangenheit keine diesbezügliche Regelung getroffen hat und über den möglichen Behandlungsabbruch damit nicht mehr selbst entscheiden kann.

Der mutmaßliche Wille des Patienten – die Vorausverfügung

Erst wenn kein (nicht einmal ein mutmaßlicher) Wille des handlungsunfähigen, bewusstlosen Patienten erkennbar ist und es auch an einer früher abgefassten und schriftlich vorliegenden Patientenverfügung fehlt, stellt sich die Frage, ob ein gesetzlicher Betreuer eingeschaltet werden soll oder sogar die Entscheidung des Betreuungsgerichts erforderlich ist (siehe auch Kapitel zur Betreuungsverfügung auf S. 113).

Der „mutmaßliche Wille" des Patienten lässt sich u. a.

- aus den Aufzeichnungen nach einem Gespräch mit dem behandelnden Arzt oder
- ggf. sogar aus Gesprächen mit mehreren Ärzten, wenn sich dies aus den Behandlungsunterlagen ergibt,

erkennen. Derartige „Vorausverfügungen" werden als Alternative zu einer Patientenverfügung sicher auch weiter grundsätzlich anerkannt.

Probleme der mündlichen Vorausverfügungen

Aber auch in solchen Fällen kann das rein praktische Problem auftreten, dass den behandelnden Ärzten in einem Krankenhaus nicht unbedingt und automatisch bekannt sein muss, dass derartige Vorausverfügungen getroffen wurden.

Dies zeigt bereits, dass einer schriftlichen Patientenverfügung ein sehr hoher Stellenwert zukommt. Denn wenn dem jetzt behandelnden Arzt eine Patientenverfügung vorliegt, ist das eben mehr als ein „mutmaßlicher Wille".

Mündliche Änderung der Patientenverfügung

Die Festlegung eines Behandlungsverzichts bei bestimmten Krankheitsverläufen über eine zuvor schriftlich abgefasste Patientenverfügung bedeutet jedoch nicht, dass der Patient seine Meinung nicht mehr ändern kann. Denn anders als etwa bei einem handschriftlichen Testament dürfte es hier sicherlich genügen, wenn der Patient den behandelnden Arzt, das Pflegepersonal oder nahe Angehörige mündlich über die Änderung seines Willens informiert.

Ziele der Patientenverfügung

Festlegungen im Rahmen von Patientenverfügungen haben also folgende Ziele:

- die individuelle Festlegung medizinischer und begleitender Maßnahmen für den Fall der fehlenden Einwilligungsfähigkeit,
- Berücksichtigung von Wertvorstellungen, vor allem aber von Hinweisen zur Einleitung, zum Umfang oder zur Beendigung bzw. Ablehnung von medizinischen Maßnahmen,
- die Möglichkeit, bestimmte Vorgaben für verschiedene persönliche Situationen zu machen, also für die Sterbephase oder den Fall einer unheilbaren Erkrankung,
- den Ausschluss schwerwiegender ärztlicher Eingriffe wie etwa künstlicher Beatmung, künstlicher Ernährung, Organersatz oder Dialyse,

- die Festlegung eines Ansprechpartners, der durch entsprechende Bevollmächtigung anstelle des Patienten für die verschiedensten Lebenssituationen und für die Entscheidung über Behandlungsmaßnahmen zur Verfügung steht. Dieser Bevollmächtigte kann auch bei der Auslegung der Patientenverfügung helfen und ggf. notwendige zusätzliche Einwilligungen erteilen oder den Behandlungsabbruch befürworten. Durch die Bevollmächtigung hat die Vertrauensperson ein uneingeschränktes Auskunftsrecht gegenüber dem Arzt bzw. Pflegepersonal. Für den Fall, dass diese benannte Vertrauensperson selbst nicht handeln kann (oder – in seltenen Fällen – nicht handeln will), kann man Ersatzpersonen gleich mit festlegen.

> Informieren Sie die vorgesehene Vertrauensperson vorab und klären Sie ihre Bereitschaft zur Übernahme dieser Aufgabe ab. Trennen Sie die Einsetzung einer oder mehrer Vertrauenspersonen unbedingt von der separat abzufassenden Vorsorgevollmacht und etwaigen testamentarischen Verfügungen auf das Ableben. Bedenken Sie bei der Einsetzung der Vertrauensperson auch deren Erreichbarkeit in Notfällen.

Voraussetzungen und Inhalte

Vollbesitz der geistigen Kräfte

Eine Patientenverfügung setzt voraus, dass Sie sich über die medizinische Tragweite dieser umfassenden Willenserklärung in aller Ruhe hinreichend informiert haben.

Dies gilt gerade dann, wenn es um die Frage geht, ob Sie im Ernstfall tatsächlich von bestimmten, lebenserhaltenen Maßnahmen Abstand nehmen wollen oder ab einem gewissen kritischen Stadium die künstliche Versorgung mit Nahrung oder Flüssigkeit nicht weitergeführt werden soll.

Und auch die Übertragung der Entscheidungsbefugnis auf andere Personen für den Fall, dass Sie selbst keine Entscheidung mehr treffen können, sollten Sie sich reiflich überlegen, selbst wenn es sich zum Zeitpunkt der Niederschrift um eine absolute Vertrauensperson handelt. Keinesfalls sollten Sie hier übereilt etwas verfügen und unterschreiben.

Uneingeschränkte Geschäftsfähigkeit

Im Vollbesitz der geistigen Kräfte – dies ist mehr als eine Floskel, die sich heute im Rechtsverkehr insbesondere im Zusammenhang mit der Erstellung bestimmter letztwilliger Verfügungen, Testamente etc. und häufig sogar in Notarurkunden als Eingangshinweis findet.

Der tiefere Sinn dieser Erklärung liegt darin, nochmals zu dokumentieren, dass zum Zeitpunkt der Erstellung der Verfügung uneingeschränkte Geschäftsfähigkeit gegeben ist. Soweit ein Notar eingeschaltet wird, ist dieser gehalten, sich vor Erstellung der Urkunde von der vollumfänglichen Geschäftsfähigkeit des Erklärenden zu überzeugen.

Problematisch: Zweifel an der Geschäftsfähigkeit

Häufig ist es nicht einfach, die Geschäftsfähigkeit sofort zu beurteilen. Bestehen Bedenken, verbietet sich die Entgegennahme von Erklärungen, selbst die Unterzeichnung vorbereiteter Schriftstücke. Denn nicht selten kommt es später zu einem Streit, ob bei Erstellung und Unterzeichnung von Verfügungen und Vollmachten tatsächlich die volle Geschäftsfähigkeit gegeben war. Bestehen Zweifel an der Geschäftsfähigkeit, kann dies dazu führen, dass diese Grundsatzfrage über gerichtliche Verfahren nachträglich geklärt werden muss.

Der Notar hält bereits über seine Urkunde fest, dass er zu diesem Zeitpunkt von einer uneingeschränkten, vollumfänglichen Geschäftsfähigkeit ausgeht. Sollte er Bedenken und Zweifel haben, wird er dies dokumentieren.

> Unabhängig davon, wie alt oder krank Sie zum Zeitpunkt der Patientenverfügung sind, sollten Sie auf jeden Fall Zeugen hinzuziehen, auf die Sie und Ihre Vertrauenspersonen sich bei Bedarf berufen können. Vgl. dazu auch S. 24.

Einsetzung einer Vertrauensperson

Die zusätzliche Benennung einer Vertrauensperson ist auf jeden Fall empfehlenswert. Selbst bei sorgfältigsten Anweisungen in einer Patientenverfügung ist es kaum möglich, die verschiedensten, teilweise überhaupt nicht vorhersehbaren Lebenssituationen, Krankheitsverläufe und Anweisungen abschließend und umfassend zu konkretisieren.

Die Begleitung und Betreuung durch eine Vertrauensperson kann gewährleisten, dass bei unvorhergesehenen Situationen ein Ansprechpartner für Ärzte bzw. Pfleger, aber auch Seelsorger zur Verfügung steht.

Festlegungen in der Patientenverfügung können dann auch bei Bedarf mit der Vertrauensperson durchgesprochen werden, wenn der Patient dazu selbst nicht mehr in der Lage ist. Und auch eventuell auftauchende Interpretationsfragen können so leichter geklärt werden.

Die neue gesetzliche Vorgabe sieht hierzu sogar ausdrücklich die rechtliche Gleichstellung eines Bevollmächtigten, einer eingesetzten Vertrauensperson mit einem gerichtlich eingesetzten Betreuer vor (§§ 1901a Abs. 5, 1901b Abs. 3 BGB).

> Vertrauens- oder Betreuungsperson kann natürlich auch Ihr Hausarzt sein. Sprechen Sie ihn am besten frühzeitig an, ob er bereit ist, diese zusätzliche Vertrauensstellung zu übernehmen. Vgl. dazu auch S. 26 f.

Vertrauensperson fragen

Die Einsetzung einer Vertrauensperson sollte nicht „stillschweigend" erfolgen. Fragen Sie auf jeden Fall die von Ihnen ins Auge gefasste Person, ob sie diese große Verantwortung auch wirklich übernehmen will oder kann. Das Treffen von Entscheidungen – meist in der beginnenden Sterbephase – ist von vielen moralischen, ethischen und psychisch sicher belastenden Fragen und Aufgaben begleitet.

> Wenn Sie ohnehin beabsichtigen, eine Vorsorgevollmacht beim Vorsorgeregister zu hinterlegen, können Sie in den Antragsunterlagen auch die Erstellung einer Patientenverfügung dort vermerken lassen. Vgl. zum Thema Vorsorgeregister auch S. 106 ff.

Beziehen Sie die von Ihnen benannte Betreuungsperson mit in Ihre Überlegungen ein, wenn Sie eine bereits abgefasste Patientenverfügung nach einiger Zeit überprüfen wollen.

Fragen Sie sich dann auch, ob das Vertrauensverhältnis zu der von Ihnen benannten Person überhaupt noch besteht oder ob die Übernahme dieser Verantwortung für die benannte Person überhaupt noch möglich ist – vielleicht ist sie ja aus gesundheitlichen oder anderen persönlichen Gründen inzwischen dazu gar nicht mehr in der Lage.

Dokumentieren Sie in Ihrer bereits vor einigen Zeiträumen erstellten Patientenverfügung am Ende nochmals mit handschriftlichen Vermerk und aktueller Datumsangabe, dass Sie am Inhalt der getroffenen Verfügung und der Einsetzung der Vertrauensperson uneingeschränkt festhalten wollen. Dies trägt zur Vermeidung von Streitfällen bei, wenn z. B. in einem späteren Zustand fehlender eigener Äußerungsfähigkeit Angehörige gegenüber den behandelnden Ärzten oder dem Pflegepersonal behaupten, dass nach ihrer Einschätzung die „alte" Verfügung nicht mehr dem heutigen Willen des Patienten entsprechen würde.

Legen Sie auch die Änderung der Vertrauensperson schriftlich fest

Möchten Sie eine andere Vertrauensperson einsetzen, so versehen Sie diese Angabe mit dem aktuellen Datum. Haben Sie die Person gleichzeitig in einer separaten Betreuungs- und/oder Vorsorgevollmacht benannt, vergessen Sie nicht, auch hier die Aktualisierung vorzunehmen.

Betreuungspersonen einsetzen

Sie können auch für den Fall, dass das Betreuungsgericht einen Betreuer für Sie bestellen muss, bestimmte Personen vorschlagen. Sollte der Betreuungsfall eintreten, werden die benannten Personen zur Übernahme einer amtlichen Betreuung aufgefordert.

Nach dem Betreuungsrecht können statt eines ehrenamtlichen oder eines Berufsbetreuers auch anerkannte Betreuungsvereine bzw. -behörden vorgeschlagen und durch das Betreuungsgericht eingesetzt werden.

Personen ausschließen

Selbstverständlich können Sie für dieses Amt auch bestimmte Personen explizit ausschließen. Genauere Regelungen können Sie am besten in einer Vorsorgevollmacht oder Betreuungsverfügung treffen. Wie das geht, erfahren Sie in den folgenden Kapiteln.

Wer Ihre Wünsche bezeugen kann

Die Dokumentation Ihrer frei getroffenen Verfügung mit Hilfe eines oder mehrerer Zeugen zeigt auf, dass die inhaltlichen Festlegungen unabhängig von der eingesetzten Vertrauensperson Ihrem ausdrücklichen Willen bei Abfassung entsprochen haben. Vorteilhaft ist dies auch gerade dann, wenn Sie Mustertexte von einer CD oder aus dem Internet verwenden. Die abschließende Zeugenbestätigung verschafft auch einer Musterverfügung eine gewisse Beweiskraft, ein „Amtssiegel" ist nicht notwendig. Abgesehen von der Hinzuziehung eines

Arztes als Zeugen kann ergänzend z. B. auch der Hausanwalt um Unterstützung gebeten werden. Theoretisch möglich wäre auch Ihre reine Unterschriftsbeglaubigung durch einen Notar, womit jedoch keinerlei Aussage zum Inhalt getroffen, sondern nur die eigene Unterschrift amtlich beglaubigt wird.

> Sollten Sie ohnehin einen Notar aufsuchen, überlassen Sie es diesem vollständig, Ihre eigene Urkunde zu erstellen. Zumal sich die Gebühren für die gesamte Patientenverfügung in moderater Höhe bewegen.

Lebenspartner und Angehörige

Sofern eine Lebensgemeinschaft oder aber ein enger Kontakt zu Familie oder Angehörigen besteht, können Sie selbstverständlich diese Personen bitten, Ihren Willen durch einen entsprechenden Zusatz – mit Datumsangabe und eigenhändiger Unterschrift versehen – zu bestätigen.

Freunde, Bekannte, Pflegepersonal

Vielen Alleinstehenden jedoch mangelt es wegen fehlender familiärer Bindungen an der Möglichkeit, vertraute Personen als Zeugen hinzuzuziehen. Juristisch gibt es hier keine konkrete Vorgabe, wer die Patientenverfügung bezeugen darf.

Sie können also jede beliebige Vertrauensperson aus Ihrem persönlichen, aber auch Personen aus Ihrem beruflichen bzw. geschäftlichen Umfeld um Unterstützung bitten. Dies gilt selbstverständlich auch für Ärzte, medizinisches Personal, Betreuungs- und Vertrauenspersonen aus dem Pflegebereich.

Beispiel: Freunde aus dem Verein als Zeugen

Obwohl Herr Kluge bereits über 90 Jahre alt ist, lebt er noch immer selbstständig in seiner Wohnung in Norddeutschland. Er hat keine Kinder. Es bestehen auch kaum Kontakte zu entfernten Verwandten.

Durch seine langjährige Tätigkeit für einen Verein hat er jedoch dort enge Freundschaften geschlossen, u. a. zu einem Gemeinderatsmitglied und einem Kaufmann. Falls diese beiden Freunde sich dazu bereit erklären, könnten auch sie die uneingeschränkte geistige Verfassung von Herrn Kluge zum Zeitpunkt der Abfassung der Verfügung bezeugen und dies mit Datumsangabe und Unterschrift bestätigen.

Arzt als Zeuge

Dem Arzt als Zeugen kommt eine besondere Bedeutung zu. Nicht nur besitzt er das nötige fachliche Beurteilungsvermögen, sondern er kann auch die medizinische Tragweite der Festlegungen in der Patientenverfügung erläutern.

Warten Sie mit der Hinzuziehung eines Dritten nicht zu lange! Gerade Eheleute bzw. Lebenspartner erkennen den Handlungsbedarf oft erst dann, wenn einer der Partner bereits schwer erkrankt ist.

Inhalte der Patientenverfügung mündlich wiederholen?

Auch und gerade wenn die schriftliche Errichtung der Patientenverfügung schon längere Zeit zurückliegt, jetzt aber plötzlich eine schwere Erkrankung eingetreten ist, sollte auf jeden Fall der früher erklärte Wunsch den behandelnden Ärzten mitgeteilt werden. Durch diese mündliche Bestätigung wird deutlich gemacht, dass die Patientenverfügung – vor allem, wenn sie bereits vor einiger Zeit niedergelegt wurde – für den Erkrankten noch immer Gültigkeit besitzt.

Beispiel: Erneute Willenserklärung im Krankheitsfall

Kommen wir noch einmal zum Beispiel auf S. 6 zurück: der von einer Teillähmung betroffene, im Krankenhaus liegende Ehemann, der sich mündlich noch verständlich machen kann.

Mit dem behandelnden Stationsarzt findet ein gemeinsames Gespräch statt. Dabei legt der Ehemann die vorher bereits unterschriebene Verfügung vor und betont, dass die dort geäußerten Wünsche auch bei einer Verschlechterung seines jetzigen Zustands gelten.

Es ist davon auszugehen, dass der Arzt dies respektieren und beim weiteren Behandlungsverlauf berücksichtigen wird, zumal die neue gesetzliche Regelung nach § 1901b BGB dieses Gespräch zur Feststellung des Patientenwillens ausdrücklich vorsieht.

Auch die Bundesärztekammer empfiehlt, unabhängig von der notwendigen ethischen Beurteilung bei der Abfassung einer Patientenverfügung, das Gespräch mit dem Arzt des Vertrauens.

Wie Sie eine Patientenverfügung korrekt formulieren

Am Anfang: persönliche Wertvorstellungen darlegen

Die Frage, unter welchen äußeren Umständen man sterben möchte, ist die wohl persönlichste, die es gibt. Hierbei spielen die eigenen ethischen und moralischen Überzeugungen eine große Rolle. Deshalb sollten Sie an den Anfang Ihrer Patientenverfügung Ihre ethischen Wertvorstellungen und persönlichen Beweggründe stellen, die zum Abfassen der Patientenverfügung geführt haben.

Wertvorstellungen als Interpretationshilfe

Diese Ausführungen dienen bei Zweifeln als Auslegungshilfe. Zu bedenken ist, dass nicht alle denkbaren Fälle im Rahmen einer Patientenverfügung aufgenommen werden können. Dies gilt insbesondere für Krankheiten, deren Verlauf man nicht von vornherein abschätzen kann.

Textbausteine des Justizministeriums

Das Bundesministerium der Justiz hat einige sehr ausführliche Textbausteine entwickelt und erläutert, die nachfolgend modifiziert als weitere Orientierungshilfe dargestellt werden sollen. Im Internet können unter www.bmj.de/publikationen weitere Textbausteine eingesehen werden.

Gerade wenn Sie später das kürzere Muster einer Patientenverfügung (S. 46) nutzen wollen, sind die nachfolgenden ausführlichen Hinweise und Präzisierungen von Vorteil.

Eine schriftliche Patientenverfügung sollte folgende wesentliche Punkte umfassen – Kurzübersicht:

1 Eingangsformel (eigene Wertvorstellungen, die im Rahmen der Patientenverfügung beachtet werden sollen)
2 Beispielhafte Situationen, für die die Verfügung gelten soll

3 Festlegungen zu Einleitung, Umfang oder Beendigung bestimmter ärztlicher/pflegerischer Maßnahmen. Hierunter fällt insbesondere:
   - Sollen lebenserhaltende Maßnahmen erfolgen?
   - Soll eine Schmerz- und Symptombehandlung erfolgen?
   - Möchten Sie künstlich ernährt werden?
   - Sind Sie mit künstlicher Flüssigkeitszufuhr einverstanden?
   - Sollen Wiederbelebungsmaßnahmen durchgeführt werden?
   - Soll künstliche Beatmung erfolgen?
   - Soll eine Dialyse durchgeführt werden?
   - Möchten Sie, dass Antibiotika verabreicht werden?
   - Darf Blut oder dürfen Blutbestandteile verabreicht werden?
4 Soll eine Organspende erfolgen?
5 Festlegung des Ortes der Behandlung sowie der gewünschten Begleitung
6 Aussagen zur Verbindlichkeit, zur Auslegung und Durchsetzung und zum Widerruf der Patientenverfügung
7 Hinweise auf weitere Vorsorgeverfügungen
8 Hinweis auf beigefügte Erläuterungen zur Patientenverfügung
9 Schlussformel mit Schlussbemerkungen
10 Information/Beratung

11 Hinweis auf ärztliche und/oder juristische Aufklärung sowie Bestätigung der Einwilligungsfähigkeit

12 Eventuelle zeitliche Aktualisierung

Formulierungsbeispiele für einzelne Passagen einer Patientenverfügung

1 Eingangsformel (eigene Wertvorstellungen)

Beispiel

Patientenverfügung

Ich, ... (Vorname, Name), geboren am ..., derzeit wohnhaft in ... verfasse hiermit nachfolgend eine Patientenverfügung, die von jedermann zu beachten ist.

Vorab möchte ich meine Wertvorstellungen niederlegen, die in Zweifelsfragen als Auslegungs- und Entscheidungshilfe dienen sollen.

...

Dabei handelt es sich nicht um konkrete Anweisungen. Ausschlaggebend sollen die nachfolgenden Anweisungen sein.

Ich bestimme hiermit für den Fall, dass ich meinen Willen nicht mehr bilden oder verständlich äußern kann, Folgendes: ...

Erläuterung des Bundesministeriums der Justiz (BMJ):

Bevor Sie Ihre Wertvorstellungen niederlegen, sollten Sie darüber nachdenken, was Ihnen wirklich wichtig ist. Unter Wertvorstellungen kann man auch die eigene Lebenseinstellung verstehen.

In dieser Passage können Sie Erfahrungen, die Sie z. B. beim Tod oder Sterbeprozess eines anderen Menschen gemacht haben, aufzeichnen und deutlich machen, wie gehandelt werden soll, wenn Sie in eine ähnliche Situation kommen.

Beantworten Sie sich z. B. auch selbst die Frage, ob Ihnen die Lebensqualität wichtiger ist als die Lebensdauer, wenn beides nicht in gleichem Umfang zu erreichen ist. An diese Stelle gehören zudem etwaige religiöse Überzeugungen, die zu achten sind.

2 Beispielhafte Situationen, für die die Verfügung gelten soll

Beispiel

Wenn

- ich mich aller Wahrscheinlichkeit nach unabwendbar im unmittelbaren Sterbeprozess befinde, ...

- ich mich im Endstadium einer unheilbaren, tödlich verlaufenden Krankheit befinde, selbst wenn der Todeszeitpunkt noch nicht absehbar ist, ...

- infolge einer Gehirnschädigung meine Fähigkeit, Einsichten zu gewinnen, Entscheidungen zu treffen und mit anderen Menschen in Kontakt zu treten, nach Einschätzung zweier erfahrener Ärztinnen oder Ärzte (können namentlich benannt werden) aller Wahrscheinlichkeit nach unwiederbringlich erloschen ist, selbst wenn der Todeszeitpunkt noch nicht absehbar ist.

    Dies gilt für direkte Gehirnschädigung z. B. durch Unfall, Schlaganfall oder Entzündung ebenso wie für indirekte Gehirnschädigung z. B. nach Wiederbelebung, Schock oder Lungenversagen.

    Es ist mir bewusst, dass in solchen Situationen die Fähigkeit zu Empfindungen erhalten sein kann und dass ein Aufwa-

> chen aus diesem Zustand nicht ganz sicher auszuschließen, aber unwahrscheinlich ist, ...

Erläuterung des BMJ:

Der dritte Punkt betrifft nur Gehirnschädigungen mit dem Verlust der Fähigkeit, Einsichten zu gewinnen, Entscheidungen zu treffen und mit anderen Menschen in Kontakt zu treten. Es handelt sich dabei häufig um Zustände von Dauerbewusstlosigkeit oder um wachkomaähnliche Krankheitsbilder, die mit einem vollständigen oder weitgehenden Ausfall der Großhirnfunktionen einhergehen.

Diese Patientinnen oder Patienten sind unfähig zu bewusstem Denken, zu gezielten Bewegungen oder zur Kontaktaufnahme mit anderen Menschen, während lebenswichtige Körperfunktionen wie Atmung, Darm- oder Nierentätigkeit erhalten sind, wie auch möglicherweise die Fähigkeit zu Empfindungen.

Wachkomapatienten sind bettlägerig, pflegebedürftig und müssen künstlich mit Nahrung und Flüssigkeit versorgt werden. In seltenen Fällen können sich auch bei ihnen nach mehreren Jahren noch günstige Entwicklungen einstellen, die ein weitgehend eigenständiges Leben erlauben.

Eine sichere Voraussage, ob die betroffene Person zu diesen wenigen gehören wird oder zur Mehrzahl derer, die ihr Leben lang als Pflegefall betreut werden müssen, ist bislang nicht möglich.

Beispiel

Wenn
- ich infolge eines weit fortgeschrittenen Hirnabbauprozesses (z. B. bei Demenzerkrankung) auch mit ausdauernder Hilfestellung nicht mehr in der Lage bin, Nahrung und Flüssigkeit auf natürliche Weise zu mir zu nehmen, ...

Erläuterung des BMJ:

Dieser Punkt betrifft Gehirnschädigungen infolge eines weit fortgeschrittenen Hirnabbauprozesses, wie sie am häufigsten bei Demenzerkrankungen (z. B. Alzheimersche Erkrankung) eintreten.

Im Verlauf der Erkrankung werden die Patienten zunehmend unfähiger, Einsichten zu gewinnen und mit ihrer Umwelt verbal zu kommunizieren, während die Fähigkeit zu Empfindungen erhalten bleibt.

Im Spätstadium erkennt der Kranke selbst nahe Angehörige nicht mehr und ist schließlich auch nicht mehr in der Lage, trotz Hilfestellung Nahrung und Flüssigkeit auf natürliche Weise zu sich zu nehmen.

Beispiel

- Eigene Beschreibung der Anwendungssituation:
  _____
  _____
  _____
  _____

Hier sollten Sie nur Situationen beschreiben, die mit einer Einwilligungsunfähigkeit einhergehen können.

3 Festlegungen zu Einleitung, Umfang oder Beendigung bestimmter ärztlicher Maßnahmen

Beispiel: Lebenserhaltende Maßnahmen

In den oben beschriebenen Situationen wünsche ich,

- dass alles medizinisch Mögliche getan wird, um mich am Leben zu erhalten und meine Beschwerden zu lindern,
- auch fremde Gewebe und Organe zu erhalten, wenn dadurch mein Leben verlängert werden könnte.

ODER

- dass alle lebenserhaltenden Maßnahmen unterlassen werden. Hunger und Durst sollen auf natürliche Weise gestillt werden, gegebenenfalls mit Hilfe bei der Nahrungs- und Flüssigkeitsaufnahme.

Ich wünsche fachgerechte Pflege von Mund und Schleimhäuten sowie menschenwürdige Unterbringung, Zuwendung, Körperpflege und das Lindern von Schmerzen, Atemnot, Übelkeit, Angst, Unruhe und anderer belastender Symptome.

Beispiel: Schmerz- und Symptombehandlung

In den oben beschriebenen Situationen wünsche ich eine fachgerechte Schmerz- und Symptombehandlung,

- aber keine bewusstseinsdämpfenden Mittel zur Schmerz- und Symptombehandlung.

ODER

- wenn alle sonstigen medizinischen Möglichkeiten zur Schmerz- und Symptomkontrolle versagen, auch bewusstseinsdämpfende Mittel zur Beschwerdelinderung.
- Die unwahrscheinliche Möglichkeit einer ungewollten Verkürzung meiner Lebenszeit durch schmerz- und symptomlindernde Maßnahmen nehme ich in Kauf.

Erläuterung des BMJ:

Eine fachgerechte lindernde Behandlung einschließlich der Gabe von Morphin wirkt in der Regel nicht lebensverkürzend.

Nur in Extremsituationen kann gelegentlich die zur Symptomkontrolle notwendige Dosis von Schmerz- und Beruhigungsmitteln so hoch sein, dass eine geringe Lebenszeitverkürzung die Folge sein kann (erlaubte sog. indirekte Sterbehilfe).

Beispiel: Künstliche Ernährung

In den oben beschriebenen Situationen wünsche ich,
- dass eine künstliche Ernährung begonnen oder weitergeführt wird.

ODER
- dass keine künstliche Ernährung, unabhängig von der Form der künstlichen Zuführung der Nahrung (z. B. Magensonde durch Mund, Nase oder Bauchdecke, venöse Zugänge), erfolgt.

Erläuterung des BMJ:

Das Stillen von Hunger und Durst als subjektive Empfindungen gehört zu jeder lindernden Therapie. Viele schwer kranke Menschen haben allerdings kein Hungergefühl; dies gilt praktisch ausnahmslos für Sterbende und wahrscheinlich auch für Wachkomapatienten.

Beispiel: Künstliche Flüssigkeitszufuhr

In den oben beschriebenen Situationen wünsche ich,
- eine künstliche Flüssigkeitszufuhr.

ODER
- die Reduzierung künstlicher Flüssigkeitszufuhr nach ärztlichem Ermessen.

ODER
- die Unterlassung jeglicher künstlicher Flüssigkeitszufuhr.

Erläuterung des BMJ:

Das Durstgefühl ist bei Schwerkranken zwar länger als das Hungergefühl vorhanden, aber künstliche Flüssigkeitsgabe hat nur sehr begrenzten Einfluss darauf. Viel besser kann das Durstgefühl durch Anfeuchten der Atemluft und durch fachgerechte Mundpflege gelindert werden.

Die Zufuhr großer Flüssigkeitsmengen bei Sterbenden kann schädlich sein, weil sie u. a. zu Atemnotzuständen infolge von Wasseransammlung in der Lunge führen kann.

Beispiel: Wiederbelebung

A. In den oben beschriebenen Situationen wünsche ich,
- in jedem Fall Versuche der Wiederbelebung.

ODER
- die Unterlassung von Versuchen zur Wiederbelebung.
- dass der Notarzt nicht verständigt wird bzw. dass ein ggf. hinzugezogener Notarzt unverzüglich über meine Ablehnung von Wiederbelebungsmaßnahmen informiert wird.

B. Nicht nur in den oben beschriebenen Situationen, sondern in allen Fällen eines Kreislaufstillstands oder Atemversagens

- lehne ich Wiederbelebungsmaßnahmen ab.

ODER

- lehne ich Wiederbelebungsmaßnahmen ab, sofern diese Situationen nicht im Rahmen medizinischer Maßnahmen unerwartet eintreten.

Erläuterung des BMJ:

Viele medizinische Maßnahmen können sowohl Leiden vermindern als auch Leben verlängern. Das hängt von der jeweiligen Situation ab.

Wiederbelebungsmaßnahmen sind nicht leidensmindernd, sondern dienen der Lebenserhaltung. Gelegentlich kann es im Rahmen geplanter medizinischer Eingriffe (z. B. Operationen) zu kurzfristigen Problemen kommen, die sich durch Wiederbelebungsmaßnahmen ohne Folgeschäden beheben lassen.

Beispiel: Künstliche Beatmung

In den oben beschriebenen Situationen wünsche ich

- eine künstliche Beatmung, falls dies mein Leben verlängern kann.

ODER

- dass keine künstliche Beatmung durchgeführt bzw. eine schon eingeleitete Beatmung eingestellt wird, unter der Voraussetzung, dass ich Medikamente zur Linderung der Luftnot erhalte. Die Möglichkeit einer Bewusstseinsdämpfung oder einer ungewollten Verkürzung meiner Lebenszeit durch diese Medikamente nehme ich in Kauf.

Beispiel: Dialyse

In den oben beschriebenen Situationen wünsche ich
- eine künstliche Blutwäsche (Dialyse), falls dies mein Leben verlängern kann.

ODER

- dass keine Dialyse durchgeführt bzw. eine schon eingeleitete Dialyse eingestellt wird.

Beispiel: Antibiotika

In den oben beschriebenen Situationen wünsche ich
- Antibiotika, falls diese mein Leben verlängern können.

ODER

- Antibiotika nur zur Linderung meiner Beschwerden.

Beispiel: Blut/Blutbestandteile

In den oben beschriebenen Situationen wünsche ich
- die Gabe von Blut oder Blutbestandteilen, falls dies mein Leben verlängern kann.

ODER

- die Gabe von Blut oder Blutbestandteilen nur zur Linderung meiner Beschwerden.

4 Organspende

Beispiel

Ich stimme einer Entnahme meiner Organe nach meinem Tod zu Transplantationszwecken zu (ggf.: Ich habe einen Organspendeausweis ausgefüllt).

Komme ich nach ärztlicher Beurteilung bei einem sich abzeichnenden Hirntod als Organspender in Betracht und müssen dafür ärztliche Maßnahmen durchgeführt werden, die ich in meiner Patientenverfügung ausgeschlossen habe, dann (Alternativen)

- geht die von mir erklärte Bereitschaft zur Organspende vor.
- gehen die Bestimmungen in meiner Patientenverfügung vor.

ODER

- Ich lehne eine Entnahme meiner Organe nach meinem Tod zu Transplantationszwecken ab.

5 Ort der Behandlung, Beistand

Beispiel

Ich möchte
- zum Sterben ins Krankenhaus verlegt werden.

ODER

- wenn irgend möglich zu Hause bzw. in vertrauter Umgebung sterben.

ODER

- wenn möglich in einem Hospiz sterben.

Ich möchte
- Beistand durch folgende Personen:
  _____
  _____

- Beistand durch eine Vertreterin oder einen Vertreter folgender Kirche oder Weltanschauungsgemeinschaft:
  _____

- hospizlichen Beistand.

6 Aussagen zur Verbindlichkeit, zur Auslegung und Durchsetzung und zum Widerruf der Patientenverfügung

Beispiel

Ich erwarte, dass der in meiner Patientenverfügung geäußerte Wille zu bestimmten ärztlichen und pflegerischen Maßnahmen von den behandelnden Ärztinnen und Ärzten und dem Behandlungsteam befolgt wird.

Mein(e) Vertreter(in) – z. B. Bevollmächtigte(r)/Betreuer(in) – soll dafür Sorge tragen, dass mein Wille durchgesetzt wird.

Sollte eine Ärztin oder ein Arzt oder das Behandlungsteam nicht bereit sein, meinen in dieser Patientenverfügung geäußerten Willen zu befolgen, erwarte ich, dass für eine anderweitige medizinische und/oder pflegerische Behandlung gesorgt wird.

Von meiner Vertreterin/meinem Vertreter (z. B. Bevollmächtigte(r)/Betreuer(in)) erwarte ich, dass sie/er die weitere Behandlung so organisiert, dass meinem Willen entsprochen wird.

In Lebens- und Behandlungssituationen, die in dieser Patientenverfügung nicht konkret geregelt sind, ist mein mutmaßlicher Wille möglichst im Konsens aller Beteiligten zu ermitteln. Dafür soll diese Patientenverfügung als Richtschnur maßgeblich sein. Bei unterschiedlichen Meinungen über anzuwendende oder zu unterlassende ärztliche/pflegerische Maßnahmen soll der Auffassung folgender Personen besondere Bedeutung zukommen:

(Alternativen)

- meiner/meinem Bevollmächtigten.
- meiner Betreuerin/meinem Betreuer.
- der behandelnden Ärztin oder dem behandelnden Arzt.

Wenn ich meine Patientenverfügung nicht widerrufen habe, wünsche ich nicht, dass mir in der konkreten Anwendungssituation eine Änderung meines Willens unterstellt wird. Wenn aber die behandelnden Ärztinnen und Ärzte/das Behandlungsteam/mein(e) Bevollmächtigte(r)/Betreuer(in) aufgrund meiner Gesten, Blicke oder anderer Äußerungen von meiner Seite die

Auffassung vertreten, dass ich entgegen den Festlegungen in meiner Patientenverfügung doch behandelt oder nicht behandelt werden möchte, dann ist möglichst im Konsens aller Beteiligten zu ermitteln, ob die Festlegungen in meiner Patientenverfügung noch meinem aktuellen Willen entsprechen. Die letzte Entscheidung über anzuwendende oder zu unterlassende ärztliche/pflegerische Maßnahmen liegt bei:

(Alternativen)

- meiner/meinem Bevollmächtigten.
- meiner Betreuerin/meinem Betreuer.
- der behandelnden Ärztin oder dem behandelnden Arzt.

7 Hinweise auf weitere Vorsorgeverfügungen

Beispiel

Ich habe zusätzlich zur Patientenverfügung eine Vorsorgevollmacht für Gesundheitsangelegenheiten erteilt und den Inhalt dieser Patientenverfügung mit der von mir bevollmächtigten Person besprochen:

Bevollmächtigte(r)

Name: _____

Anschrift: _____

Telefon: _____ Telefax: _____

Ich habe eine Betreuungsverfügung zur Auswahl des Betreuers erstellt (ggf.: und den Inhalt dieser Patientenverfügung mit der/dem von mir gewünschten Betreuerin/Betreuer besprochen).

Gewünschte(r) Betreuerin/Betreuer

Name: _____

Anschrift: _____

Telefon: _____ Telefax: _____

8 Hinweis auf beigefügte Erläuterungen zur Patientenverfügung

Beispiel

Als Interpretationshilfe zu meiner Patientenverfügung habe ich beigelegt:
- Darstellung meiner allgemeinen Wertvorstellungen.
- Sonstige Unterlagen, die ich für wichtig erachte: ...

9 Organspende

Beispiel

Ich stimme einer Entnahme meiner Organe nach meinem Tod zu Transplantationszwecken zu (ggf. Ich habe einen Organspendenausweis ausgefüllt). Komme ich nach ärztlicher Beurteilung bei einem sich abzeichnenden Hirntod als Organspender in Betracht und müssen dafür ärztliche Maßnahmen durchgeführt werden, die ich in meiner Patientenverfügung ausgeschlosssen habe, dann

(Alternativen)
- geht die von mir erklärte Bereitschaft zur Organspende vor.
- lehne ich eine Entnahme meiner Organe nach meinem Tod zu Transplantationszwecken ab.

10 Schlussformel und Schlussbemerkungen

Beispiel

Soweit ich bestimmte Behandlungen wünsche oder ablehne, verzichte ich ausdrücklich auf eine (weitere) ärztliche Aufklärung.

- Mir ist die Möglichkeit der Änderung und des Widerrufs einer Patientenverfügung bekannt.
- Ich bin mir des Inhalts und der Konsequenzen meiner darin getroffenen Entscheidungen bewusst.
- Ich habe die Patientenverfügung in eigener Verantwortung und ohne äußeren Druck erstellt.
- Ich bin im Vollbesitz meiner geistigen Kräfte.

11 Information/Beratung

Beispiel

> Ich habe mich vor der Erstellung dieser Patientenverfügung informiert bei/durch _____ und beraten lassen durch _____.

12 Ärztliche Aufklärung und Bestätigung der Einwilligungsfähigkeit

Beispiel

> Herr/Frau _____
> wurde von mir am _____ bzgl. der möglichen Folgen dieser Patientenverfügung aufgeklärt.
> Er/sie war in vollem Umfang einwilligungsfähig.
> Datum _____
> Unterschrift, Stempel der Ärztin/des Arztes
> _____

Die Einwilligungsfähigkeit kann auch durch eine Notarin oder einen Notar bestätigt werden.

13 Aktualisierung

Beispiel

Diese Patientenverfügung gilt so lange, bis ich sie widerrufe.
ODER
Diese Patientenverfügung soll nach Ablauf von (Zeitangabe) ihre Gültigkeit verlieren, es sei denn, dass ich sie durch meine Unterschrift erneut bekräftige.

Um meinen in der Patientenverfügung niedergelegten Willen zu bekräftigen, bestätige ich diesen nachstehend:

(Alternativen)

in vollem Umfang.

mit folgenden Änderungen:

_____
_____

Datum _____
Unterschrift _____

Handlungsbedarf

Diese umfangreichen Erläuterungen und Textbausteine des BMJ sind wegen des Umfangs und der Detailvorgaben im einzeln sicherlich nur als Formulierungshilfen zu verwenden. Sie sind aber gerade dann von besonderem Vorteil, wenn einzelne Textpassagen in ein kurzes Muster mit eingebaut werden sollen. Zur Klarstellung: Die Texte sind nur Empfehlungen, keine rechtsverbindlichen, vorgeschriebenen Formulierungen.

Rechtliche Tragweite

Der BGH hat in einem Beschluss vom 10.4.2003 (Az.: XII ZB 2/03) zunächst entschieden, dass die betreuungsgerichtliche Genehmigung trotz einer Patientenverfügung, die die Zustimmung zu lebensbeendenden Maßnahmen in bestimmten Fällen erteilt, in jedem Fall eingeholt werden muss, bevor solche Maßnahmen getroffen werden. Das Betreuungsgericht muss bei seiner Entscheidung jedoch den Willen des Patienten auch dann noch respektieren, wenn er zu eigenverantwortlichen Entscheidungen nicht mehr in der Lage ist. Die Neuregelung in § 1901a BGB bestätigt nun diesen Grundsatz, sodass nun auch in der Rechtsprechung davon auszugehen ist, dass eine gerichtliche Entscheidung unter Beachtung der Eilbedürfigkeit nur eingeholt werden muss

- bei mehr als erheblichen Bedenken gegenüber der (damaligen) Errichtung einer Patientenverfügung,
- bei Zweifeln an der Beibehaltung des Willens im Falle fehlender eigener Entscheidungs- und Äußerungsmöglichkeit.

Bevor Sie daher das nachfolgende Muster nutzen, sollten Sie vorhandene Zweifel oder Unsicherheiten für sich oder im Vertrauensgespräch mit Angehörigen, dem Hausarzt, dem Notar oder Rechtsanwalt, Seelsorger oder vielleicht auch nur Ihrer sonstigen Vertrauensperson thematisieren.

Legen Sie dann auch ergänzend fest, ob Sie die Patientenverfügung mit Hinweisen zur Zustimmung auf Organentnahmen über Ihren Tod hinaus kombinieren wollen.

Beachten Sie, dass jederzeit die Möglichkeit besteht, diese getroffene Verfügung zu widerrufen – vorausgesetzt, dies wird rechtzeitig und hinreichend dokumentiert und nachvollziehbar gemacht.

Muster einer Patientenverfügung

Patientenverfügung

Sollte ich, _____, geboren am _____, wohnhaft in _____, derzeit im Vollbesitz meiner geistigen Kräfte, aufgrund einer möglichen Gebrechlichkeit bzw. Bewusstlosigkeit nicht mehr in der Lage sein, meine eigenen Wünsche, Vorstellungen und meinen eigenen Willen gegenüber behandelnden Ärzten und dem eingeschalteten Pflegepersonal zu äußern oder bilden zu können, so möchte ich über nachfolgende

Patientenverfügung nach Maßgabe von § 1901a BGB

bereits jetzt Folgendes festlegen:

1. Unter Widerruf früherer Patientenverfügungen oder Behandlungswünsche sollen diese nachfolgenden Anordnungen oder spätere Änderungen gelten.

    Es ist mein ausdrücklicher Wunsch und Wille, dass ich zunächst angemessen medizinisch und pflegerisch betreut werde, die eingesetzte Vertrauensperson dafür sorgt, dass mir auch Hilfe für das Sterben geleistet wird, soweit mein nachfolgend niedergelegter Wille bis hin zum Behandlgunsabbruch verwirklicht wird.

2. Ich bevollmächtige hiermit _____,
   wohnhaft in _____, geboren am
   _____, mich in allen medizinischen Angelegenheiten zu
   vertreten. Mein__ Bevollmächtigte__ darf

   – in sämtliche Maßnahmen zur Diagnose und Behandlung von Krankheiten einwilligen,

   – die Einwilligung hierzu verweigern oder zurücknehmen,

   – Krankenunterlagen einsehen und

   – in deren Herausgabe an Dritte einwilligen.

   Zu diesem Zweck entbinde ich die mich behandelnden Ärzte und deren nichtärztliche Mitarbeiterinnen und Mitarbeiter gegenüber meine__ Bevollmächtigten von der Schweigepflicht. Die Entscheidungen meine__ Bevollmächtigten sind für die behandelnden Ärzte verbindlich. Diese Bevollmächtigung ist jederzeit ohne besondere Form widerruflich. Sollte mein__ Bevollmächtige__ nicht in der Lage oder hierzu bereit sein, benenne ich _____,
   geboren am _____, wohnhaft in _____
   als meine__ Ersatzbevollmächtigte__.

3. Dies vorausgeschickt, erkläre ich hiermit, dass ich im Falle

   – irreversibler Bewusstlosigkeit,

   – wahrscheinlicher schwerer Dauerschädigung des Gehirns aufgrund von Unfall, Operation oder einer Demenzerkrankung oder des dauernden Ausfalls lebenswichtiger Funktionen meines Körpers oder

   – bei ungünstiger Prognose hinsichtlich meiner Erkrankung

mit einer Intensivtherapie oder Reanimation nicht einverstanden bin. Für den Fall, dass durch eine solche ärztliche Maßnahme nicht mehr erreicht werden kann als eine Verlängerung des Leidens, verweigere ich hiermit ausdrücklich die Zustimmung zu weitergehenden ärztlichen Eingriffen, zumal wenn sie mit erheblichen Schmerzen und Leidenszuständen verbunden sind.

4. Sollten Diagnose und Prognose der mich dann behandelnden Ärzte – ungeachtet der Möglichkeit einer Fehldiagnose – ergeben, dass meine Krankheit zum Tode führen und mir aller Voraussicht nach große Schmerzen bereiten wird, so wünsche ich keine weiteren diagnostischen Eingriffe und keine Verlängerung meines Lebens mit den Mitteln der Intensivtherapie.

Sollte ich eine Hirnschädigung oder eine Gehirnerkrankung haben, durch die meine normalen geistigen Funktionen schwer wiegend und irreparabel geschädigt worden sind, so bitte ich um eine Einstellung der Therapie, sobald durch die behandelnden Ärzte festgestellt wird, dass ich künftig nicht mehr in der Lage sein werde, ein menschenwürdiges Dasein zu führen.

Dies gilt insbesondere dann,

— wenn ich bei schwersten körperlichen Leiden und/oder in Dauerbewusstlosigkeit ohne medizinisch begründete Aussicht auf Wiedererlangung des Bewusstseins in einem Koma, auch Wachkoma, liege,

— sowie für den Fall, dass bei geistigem Verfall keinerlei medizinisch begründete Aussicht mehr auf eine Wiederherstellung eines erträglichen und menschenwürdigen Lebens gegeben ist.

Dies gilt zudem für den Fall,

- dass ich mich in einem medizinisch nicht mehr abwendbaren Sterbeprozess befinde,
- und auch für das Endstadium einer tödlich verlaufenden, unheilbaren Krankheit, wenn die Sterbephase noch nicht begonnen hat.

Es sollen dann keine Reanimations- oder lebenserhaltende Maßnahmen an mir vorgenommen werden, insbesondere keine Intensivtherapie, Transplantationen, operative Eingriffe und/oder künstliche Lebensverlängerung durch künstliche Beatmung oder Herzwiederbelebungsmaßnahmen.

5. Bei Verlust meiner Kommunikationsfähigkeit und einem nach meiner Festlegung erfolgten Verzicht bzw. Abbruch von lebensverlängernden Maßnahmen wünsche ich auch keine künstliche Beatmung, Ernährung oder Flüssigkeitszufuhr durch Sonden und Infusionen im Bewusstsein, dass damit eine nach meiner Ansicht nicht notwendige Verlängerung meines Leidens- und auch Sterbeprozesses vermieden wird, jedoch bei Beachtung einer menschenwürdigen Pflege und Unterbringung mit sachgerechter, angemessener medizinischer Begleitung. Letzteres gilt auch bei Abstandnahme von lebenserhaltenden Medikamenten.

6. Wenn ich die Ärzte bitte, das Recht auf einen nach meinen Vorstellungen und Wünschen würdigen Tod zu achten, so heißt das nicht, dass ich damit die ärztliche Hilfe und Behandlung bzw. Pflege in der Form ausreichender Medikation und Leidensminderung generell ablehne. Vielmehr setze ich mein Vertrauen in von ärztlicher Seite aus anzuordnende

- schmerzlindernde Medikation,
- palliative Behandlungsmaßnahmen,
- bewusstseinsdämpfende Mittel zur Schmerz- und Symptombehandlung,
- fachgerechte Pflege der Mund- und Schleimhäute, dies mit dem Ziel, alle Leiden lindernden Maßnahmen der Basisbetreuung, z. B über die ausreichende Schmerztherapie, zu ergreifen, auch wenn sie lebensverkürzend wirken sollten.

Ich erwarte zudem geeignete Medikamente, die Schmerzen, Angst- oder Erstickungszuständen, Atemnot, Übelkeit und anderen qualvollen Zuständen und belastenden Symptomen entgegenwirken bzw. diese lindern, auch wenn diese Medikamente zur Bewusstseinsausschaltung oder wegen ihrer Nebenwirkungen zu einem früheren Ableben führen sollten.

7. Für die oben beschriebenen Fälle verfüge ich, dass mögliche Begleiterkrankungen dann nicht behandelt werden und eine bereits begonnene Behandlung abgebrochen werden soll.

8. Ich wünsche, dass die oben getroffenen Regelungen für den behandelnden Arzt und/oder Verantwortlichen als bindend und meinem Willen entsprechend angenommen werden. Die Adressaten dieser Patientenverfügung sollen an meine Erklärungen gebunden sein. Ich verweigere daher die Zustimmung zu Maßnahmen, die dieser Verfügung widersprechen. Soweit von ärztlicher Seite meinen hierüber dargelegten Willen nicht gefolgt werden sollte, erwarte ich zumindest, dass nach Abstimmung mit meinem eingesetzten Bevollmächtigten eine geeignete medizinische und/oder pflegerische Behandlung herbeigeführt wird, die den dargelegten Grundsätzen, Vorgaben und Wünschen entspricht.

Ich bin mir bewusst, dass im Konfliktfall für meine Vertrauensperson die Genehmigung des Betreuungsgerichts eingeholt werden muss.

9. In der akuten Situation soll mir im Weiteren keine Änderung meines in dieser Verfügung bekundeten Willens unterstellt werden. Diese getroffenen Verfügungen sollen daher insbesondere gelten, wenn ich mich unabwendbar in einem unmittelbaren Sterbeprozess befinde, im Endstadium einer tödlich verlaufenden Krankheit und wenn ich dadurch oder infolge einer Gehirnschädigung, eines festgestellten weit fortgeschrittenen Hirnabbauprozesses, z. B. bei eingetretener Demenz), nicht mehr in der Lage bin, Einsichten zu gewinnen, meinen Willen zu äußern und/oder Entscheidungen persönlich treffen zu können. Zudem, wenn meine Kontakt- und Äußerungsfähigkeit aller Wahrscheinlichkeit nach unwiderbringlich erloschen ist, selbst wenn der Todeszeitpunkt bei mir noch nicht absehbar ist. Für den Fall einer Willensänderung werde ich ansonsten dafür Sorge tragen, dass mein geänderter Wille erkennbar zum Ausdruck kommt.

10. *(Falls nicht zutreffend, streichen:)* Für den Fall meines Todeseintritts bestimme ich ergänzend, dass ich mit einer Obduktion meines Körpers einverstanden bin, dies gilt auch für gebotene Organentnahmen bei Sicherstellung einer ordnungsgemäßen Organspende. Ich bin Organspender und verweise insoweit auf den vorhandenen Organspenderausweis in meinen persönlichen Unterlagen. Die dort erklärten Verfügungen gelten ergänzend nach wie vor.

11. *(Falls nicht zutreffend, streichen:)* Ich lehne jegliche Entnahme meiner Organe nach meinem Tode zu Transplantationszwecken ab, Alternativ: ...mit Ausnahme folgender Organe_____.

12. *(Je nach Wunsch, sonst streichen:)* Ich bin grundsätzlich mit einer Obduktion einverstanden, wenn sich dadurch die Ursache meines Ablebens klären lässt.

13. *(Je nach Wunsch, sonst streichen:)* Ich wünsche die seelsorgerische Begleitung durch einen Vertreter/Beistand der _____ Kirche, auch in meiner Sterbephase bei Beachtung meines religiösen Empfindens und meiner Wertevorstellungen bei bestehender Kirchenzugehörigkeit.

14. *(Je nach Wunsch, sonst streichen:)* Ich wünsche die Begleitung eines hospizlichen Beistands/folgender Person/en:
_____
_____

Hinweisen möchte ich darauf, dass ich zudem eine Vorsorgevollmacht mit Betreuungsverfügung bereits separat errichtet habe/errichten werde. Sollte ein Betreuer durch das Betreuungsgericht bestellt werden, dies unabhängig von der eingesetzten Vertrauensperson, erwarte ich, dass meinen in der Verfügung dargelegten Vorgaben und Wünschen auch dann entsprochen wird.

Diese Patientenverfügung gilt unabhängig von den separat erteilten Vollmachten.

_____, den _____

_____
Unterschrift des Vollmachtgebers und Verfügenden

Zeugenbestätigung:

Zeuge 1:

Ich bestätige heute mit meiner Unterschrift, dass Frau/Herr _____ obige Patientenverfügung eigenhändig und für mich erkennbar im Vollbesitz seiner/ihrer geistigen und körperlichen Kräfte verfasst hat, selbstbestimmt und ohne jeglichen äußeren Einfluss. Frau/Herr _____ ist nach voller Überzeugung des Unterzeichners, die auf dem persönlichen Eindruck und dem ständigen Kontakt zu ihr/ihm beruht, ohne jeden Zweifel geschäfts-/einsichtsfähig.

Als Zeuge: Frau/Herr _____, geboren am _____, wohnhaft _____.

_____

Datum, Unterschrift des Zeugen

Zeuge 2:

Ich bestätige heute mit meiner Unterschrift, dass Frau/Herr _____ obige Patientenverfügung eigenhändig und für mich erkennbar im Vollbesitz seiner/ihrer geistigen und körperlichen Kräfte verfasst hat, selbstbestimmt und ohne jeglichen äußeren Einfluss. Frau/Herr _____ ist nach voller Überzeugung des Unterzeichners, die auf dem persönlichen Eindruck und dem ständigen Kontakt zu ihr/ihm beruht, ohne jeden Zweifel geschäfts-/einsichtsfähig.

Als Zeuge: Frau/Herr _____, geboren am _____, wohnhaft _____.

_____

Datum, Unterschrift des Zeugen

Vorsicht vor fehlerhaften Formulierungen

Häufig genügt die Willenserklärung alleine nicht den notwendigen Anforderungen. Doch selbst wenn man eines der im Handel und Internet befindlichen Formulare für Patientenverfügungen benutzt, ist noch nicht gewährleistet, dass der Wunsch der Person, die die Verfügung abgefasst hat, tatsächlich befolgt werden muss. Das Bundesjustizministerium schätzt, dass ca. 70 Prozent der angebotenen Formulare lückenhaft oder nicht hinreichend deutlich sind.

Typische falsche oder irreführende Formulierungen oder Begriffe sind z. B.:

- „Solange eine realistische Aussicht auf Erhaltung eines erträglichen Lebens besteht" oder
- „unwürdiges Dahinvegetieren",
- „Apparatemedizin" oder „qualvolles Leiden" bzw.
- „Ich lehne bei irreversibler Bewusstlosigkeit den Einsatz lebenserhaltender Maßnahmen ab" (ohne dabei klarzustellen, welche Art des Krankheitsbildes man gemeint hat)

Sehr deutlich wird die Wichtigkeit der klaren Festlegung des Willens an dem Beispiel „Ich will nicht an Schläuchen sterben". Dieser Satz ist eindeutig mehrdeutig. Er kann sowohl so ausgelegt werden, es sei keinerlei Apparatemedizin (was immer dies auch sein soll) gewünscht. Er kann aber auch anderweitig ausgelegt werden, nämlich, dass auf jeden Fall die Ärzte um das Leben kämpfen sollen, damit man nicht an Schläuchen stirbt.

Im Einzelnen bedeutet dies, dass man den eigenen Willen ganz deutlich darlegen muss, damit ihn Dritte auch befolgen können.

Allzu häufig werden unreflektiert einfach Formulare mit Patientenverfügungen angekreuzt, ohne dass man sich über die eigentlichen Folgen bewusst ist. Aus diesem Grunde kann es sein, dass trotz Vorliegens einer Patientenverfügung dennoch, aufgrund von Zweifeln an der Einsichtsfähigkeit, die Verfügung keine Beachtung findet.

Nochmals: Durch den Beschluss des Bundesgerichtshofes vom 17.3.2003 wurde die Verbindlichkeit von Patientenverfügungen gestärkt, aber auch festgestellt, dass letztendlich dennoch ein Vormundschaftsrichter zu entscheiden hat, ob z. B. eine lebenserhaltende Maßnahme unterbleiben kann oder nicht.

Der Bundesgerichtshof führte aus:

„Ist ein Patient einwilligungsunfähig und hat sein Grundleiden einen irreversiblen tödlichen Verlauf angenommen, so müssen lebenserhaltende oder -verlängernde Maßnahmen unterbleiben, wenn dies seinem zuvor – etwa in Form einer sog. Patientenverfügung – geäußerten Willen entspricht."

Durch die gesetzliche Neuregelung in §1901a BGB dürfte diese Rechtsprechung überholt sein.

Dies bedeutet, dass jetzt in jeder Lebensphase, also nicht nur bei Krankheiten mit irreversiblen tödlichem Verlauf oder nur im unmittelbaren Sterbeprozess, Patientenverfügungen Geltung erlangen. Demzufolge greift ab dem 01.9.2009 eine Patientenverfügung somit auch bei Wachkomapatienten:.

Was fällt nicht unter den Begriff der gesetzlich geregelten Patientenverfügung?

In der Gesetzesbegründung wird deutlich gemacht, dass zahlreiche Erklärungen nicht unter den Begriff der Patientenverfügung fallen können. Somit sind nicht umfasst:

- Willensbekundungen im Zusammenhang mit einer zukünftigen ärztlichen Behandlung vom Begriff der Patientenverfügung

- allgemeine Richtlinien für eine künftige Behandlung (zum Beispiel: „Wenn ich einmal sehr krank und nicht mehr in der Lage bin, ein für mich erträgliches umweltbezogenes Leben zu führen, möchte ich würdevoll sterben dürfen.") oder Behandlungswünsche, wie zum Beispiel über die Art und Weise oder den Ort der Behandlung (z. B. „Ich möchte von Herrn Dr. X im Krankenhaus Y behandelt werden").

Sie enthalten keine vorweg genommenen Entscheidungen über die Einwilligung oder Nichteinwilligung in eine bestimmte, noch nicht unmittelbar bevorstehende ärztliche Maßnahme.

Solche allgemeinen Richtlinien und Wünsche sind gleichwohl nicht unbeachtlich. Der Betreuer ist bereits nach geltendem Recht gehalten, diese Wünsche nach § 1901 Abs. 3 BGB unter Berücksichtigung des Wohls des Betreuten (z. B. Dr. X führt eine schonende neue Operationsmethode nicht durch) zu beachten.

- konkrete und situationsbezogene mündliche Willensbekundungen über die Einwilligung oder Nichteinwilligung in eine bestimmte, noch nicht unmittelbar bevorstehende ärztliche Maßnahme. Sie sind keine Patientenverfügungen, weil sie nicht in schriftlicher Form vorliegen.
- Entscheidungen des einwilligungsfähigen Betroffenen, die sich auf unmittelbar bevorstehende, also konkret und zeitnah durchzuführende ärztliche Maßnahmen beziehen.

So kann beispielsweise die zeitnahe Einwilligung in einen mit einer Anästhesie verbundenen ärztlichen Eingriff nach wie vor auch mündlich erklärt werden. Sie bleibt auch dann wirksam, wenn der durch die Einwilligung legitimierte ärztliche Eingriff erst vorgenommen wird, wenn der Patient durch gegebenenfalls vor dem Eingriff verabreichte Beruhigungsmittel oder anästhesiebedingt nicht mehr einwilligungsfähig ist (z. B. mündliche Einwilligung in eine Operation am Vortag des Eingriffs).

Beispiel: Unwirksame Patientenverfügung

Ein lebensfroher Demenzkranker erkrankt an einer Lungenentzündung und hat in seiner Patientenverfügung festgelegt: „Wenn ich einmal dement bin, will ich keine lebenserhaltenden Maßnahmen".

Solche Äußerungen haben keine unmittelbare Bindungswirkung, weil sie keine hinreichend konkrete Behandlungsentscheidung in einer bestimmten Krankheitssituation enthalten. Sie geben für sich allein keinen Aufschluss darüber, ob beispielsweise eine Behandlung mit Antibiotika erfolgen soll oder nicht. Deshalb können derart allgemeine Willensbekundungen nur als ein Indiz in die vom Betreuer oder Bevollmächtigten vorzunehmende Prüfung des mutmaßlichen Willens mit einbezogen werden.

Zeitlicher Geltungsbereich

Die Neuregelungen in §§ 1901a BGB ff. zur Patientenverfügung sehen keine zeitlichen Begrenzungen vor. Um aber sicherzustellen, dass die bereits abgefasste Verfügung, wie übrigens auch eine Vorsorgevollmacht, weiterhin dem früher erklärten Willen entspricht, sollte durchaus wegen der Tragweite und inhaltlichen Festlegungen dies regelmäßig im eigenen Interesse nicht nur für sich selbst überprüft werden. Um jegliche Zweifel bei später fehlender Äußerungsfähigkeit aus Gründen auch immer vorzubeugen, sollte ein kurzer Hinweis auf dem Dokument unten angeführt werden.

Beispiel

Hiermit wird nochmals ausdrücklich bestätigt, dass ich auch nach heutiger Überprüfung des Inhalts der errichteten Patientenverfügung vom _____ (Datum einsetzen) diese getroffenen Festlegungen und Vorgaben einschließlich der hierin benannten Vertrauensperson auch weiterhin uneingeschränkt meinem Willen entsprechen.

_____
Ort, Datumsvermerk, eigenhändige Unterschrift

Ansonsten könnte aus besonderem Anlass, etwa Befragung nach einer Verfügung bei Behandlungsaufnahmen, Aufnahme in ein Pflegeheim usw., dort nochmals die Überprüfung des Festhaltens an einer bereits erstellten und hierzu vorgelegten älteren Patientenverfügung zur Dokumentation in den Patientenunterlagen erfolgen. Dies setzt allerdings voraus, dass die Einsichts- und Äußerungsfähigkeit noch vorhanden ist.

Wo Sie die Patientenverfügung am besten aufbewahren

Hinterlegung zusammen mit Betreuungsverfügung

Eine gerichtliche Hinterlegung, ein staatliches Register zur Aufbewahrung von Originalen gibt es für Patientenverfügungen noch nicht. Aber beim Zentralen Vorsorgeregister der Bundesnotarkammer kann zusätzlich zur Registrierung einer Vorsorgevollmacht angegeben werden, ob eine Patientenverfügung errichtet wurde. In einzelnen Bundesländern ist die Hinterlegung einer Betreuungsverfügung mit ergänzender, angeschlossener Patientenverfügung möglich.

Soweit ein Notar mit der Erstellung einer Vorsorgevollmacht beauftragt wird, erfolgt meist im Rahmen einer Urkunde auch die Abfassung einer Patientenverfügung. Das Notariat leitet die Meldung über die Errichtung elektronisch direkt an das Zentrale Vorsorgeregister weiter. Das Schriftstück, welches die Vollmacht und auch die Patientenverfügung enthält, wird jedoch nicht beim Register eingereicht.

In der Rechtspraxis hat sich gezeigt, dass der Aussteller einer Vorsorgevollmacht keinen besonderen Wert auf eine Gesamturkunde legt. Denn so erfuhren Behörden oder Banken z. B., welche höchstpersönlichen Festlegungen über eine Patientenverfügung getroffen wurden, die sich nach Sinn und Zweck von der Vollmacht für Vermögensangelegenheiten grundsätzlich unterscheidet.

Hinterlegung beim Notar, Arzt oder Anwalt

Bei einer notariell errichteten Verfügung befindet sich die Abschrift der Urkunde beim Notariat, das beurkundete Original wird dem Verfügenden zugesandt bzw. ausgehändigt.

Beim Notar wird für eine beurkundete Patientenverfügung und Aushändigung an die eingesetzte Vertrauensperson eine 10/10 Gebühr nach § 36 KostO fällig, also etwa 50 € inklusive Schreibauslagen und Umsatzsteuer. Die Kosten der Hinterlegung einer selbst abgefassten Patientenverfügung bei einem Rechtsanwalt sollten Sie vorab erfragen. Bei länger bestehendem Vertrauensverhältnis werden selten Gebühren erhoben.

Bei einer Kombination einer Patientenverfügung mit einer Vorsorgevollmacht, die der Notar errichtet und an den Bevollmächtigten/die Vertrauensperson aushändigt, richtet sich die Gebühr für die Vorsorgevollmacht nach den Vermögensverhältnissen. Bei einem Aktivvermögenswert von von 50.000 € belaufen sich die Gesamtkosten auf ca. 123 €, bei einem Vermögenswert von 100.000 € auf ca. 172 €.

> Sie können die Patientenverfügung auch beim Arzt Ihres Vertrauens, bei einem Anwalt, bei nahen Angehörigen oder sonstigen Vertrauenspersonen hinterlegen. Achten Sie dabei stets auf die sofortige Verfügbarkeit. Denn auch ein Notariat wird nicht von sich aus aktiv. Selbst bei Rückfragen eines nahen Angehörigen oder eines eingesetzten Bevollmächtigten, dem aus früheren Gesprächen oder Hinweisen bekannt ist, dass eine notarielle Verfügung vorliegt, ist mit einem gewissen Zeitaufwand zu rechnen. Daher sollte man auch die ausgehändigte Notarvollmacht bei Eintritt des Verlustes der eigenen Handlungs- und Entscheidungsfähigkeit, bei Bewusstlosigkeit u.Ä. für den sofortigen Zugriff parat haben.

Hinterlegung bei bestimmten Organisationen

Zudem gibt es bereits einige Träger und Organisationen, die bereit sind, Verfügungen entgegenzunehmen und in einem eigenen Archiv zu registrieren und aufzubewahren, so z. B.

- die Deutsche Hospiz Stiftung, Europaplatz 7, 44269 Dortmund (www.hospize.de),
- das DRK, DRK-Ortsverein Mainz, Zentralarchiv, Altenauergasse 1, 55116 Mainz (www.zentralarchiv.info) oder
- der Humanistische Verband Deutschland, Bundeszentralstelle, Abteilung Patientenverfügung, Wallstraße 65, 10179 Berlin (www.humanismus.de).

Ob Hinterlegungsgebühren dann verlangt werden – bei bestehenden Mitgliedschaften ist diese Leistung teilweise eingeschlossen –, sollten Sie ergänzend erfragen. Als weitere Leistungen werden auch oft automatische Erinnerungen zur Aktualisierung der hinterlegten Verfügung angeboten.

Patientenverfügung sorgfältig aufbewahren

Im Zusammenhang mit der Errichtung und der Verwahrung der Patientenverfügung bei Ihren persönlichen Unterlagen sollten Sie das Original wie andere sensible Dokumente auch, z. B. Familienstammbuch, Vollmachten, Testamente etc., sorgfältig aufbewahren. Informieren Sie Vertrauenspersonen oder auch Ihren Hausarzt darüber oder übergeben Sie diesen Personen eine Fotokopie – offen oder verschlossen im Umschlag.

Nachfrage bei Krankenhauseinweisung

Bei Einweisungen oder bei der Aufnahme in Krankenhäuser und Pflegeeinrichtungen wird mittlerweile auch häufig nach eventuell vorhandenen Betreuungsvollmachten und Patientenverfügungen gefragt. Dies ist dann sicherlich der richtige Anlass, sich nochmals Gedanken über die Fortgeltung früher getroffener Verfügungen zu machen und sie ggf. nochmals mit kurzem Hinweis und aktueller Datumsangabe zu bestätigen. Eine Verpflichtung zur Erstellung einer Verfügung, dies ggf. gleichzeitig mit dem Abschluss eines Heim- oder Pflegevertrages, wäre gesetzlich unzulässig (§ 1901a Abs. 4 BGB).

Ergibt sich allerdings, dass die Auffassungs- und Wahrnehmungsgabe und Einsichtsfähigkeit des Betroffenen beeinträchtigt ist, wird eine Klärung der Vorsorgemaßnahmen und die Nachfrage zu vorhandenen Vollmachtserteilungen und Patientenverfügungen durch Rücksprache bei den Begleitpersonen bzw. Angehörigen erfolgen.

> Im Zuge der Anmeldung der Vorsorgevollmacht beim Zentralen Vorsorgeregister der Bundesnotarkammer können Sie dort auch vermerken, dass eine Patientenverfügung vorhanden ist.

Checkliste: Darauf sollten Sie bei der Erstellung einer Patientenverfügung achten

	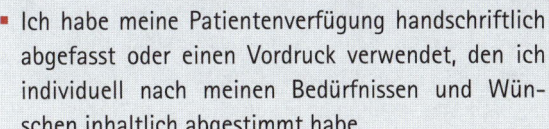
• Ich habe meine Patientenverfügung handschriftlich abgefasst oder einen Vordruck verwendet, den ich individuell nach meinen Bedürfnissen und Wünschen inhaltlich abgestimmt habe.	
• Ich habe mich mit jedem einzelnen Satz, den ich geschrieben habe, inhaltlich auseinandergesetzt – auch, wenn ich ein Formular mit vorgefertigten Ausführungen genutzt habe,	
• Ich habe den Inhalt meiner Verfügung mit meinem Hausarzt und/oder Rechtsanwalt/Notar durchgesprochen und mich über die Folgen meiner Wünsche genau aufklären lassen.	
• Der Arzt und/oder Rechtsanwalt hat in meiner Verfügung bestätigt, dass er mit mir über alle wesentlichen Punkte gesprochen und mich aufgeklärt hat.	
• Ich habe klargestellt, dass ich keine aktive Sterbehilfe verlange.	

• Ich habe dafür gesorgt, dass die Verfügung auch gefunden werden kann. In meinem Portemonnaie o. Ä. befindet sich ein Hinweis auf meine Patientenverfügung. Ich habe meinem Hausarzt oder einem Dritten eine Kopie meiner Patientenverfügung übergeben bzw. habe das Orginal bei der von mir eingesetzten Vertrauensperson hinterlegt.	
• Ich habe offen mit meiner Familie oder nahestehenden Personen über die Festlegungen im Rahmen einer Patientenverfügung gesprochen und meine Familie/nahen Angehörigen kennen den Aufbewahrungsort.	
• Ich erkläre nach Ablauf eines längeren Zeitraums (z. B. zwei Jahre), dass meine Verfügung weiter gelten soll. Ich habe deutlich gemacht, dass die Verfügung auch ohne weitere Bestätigung beachtet werden muss.	
• Damit keine Zweifel über die Urheberschaft auftreten, habe ich meine Unterschrift von Zeugen bestätigen oder von einem Notar beglaubigen lassen.	

Vorsorgevollmacht

Wer erledigt für mich meine Vermögensangelegenheiten, wenn ich dazu nicht mehr in der Lage bin? Wer entscheidet in meinem Sinne, welche medizinischen Maßnahmen getroffen werden sollen, wenn ich z. B. im Koma liege? Wer organisiert, in welchem Pflegeheim ich untergebracht werde, wenn ich das selbst nicht mehr tun kann?

Ergänzend zur Patientenverfügung ist es für Fragen wie diese immer sinnvoll, auch eine Vorsorgevollmacht zu errichten.

In diesem Kapitel erfahren Sie

- welche Lebensbereiche eine Vorsorgevollmacht abdeckt (S. 67),
- welche Sicherungsmechanismen Sie in die Vollmacht aufnehmen sollten (S. 81) und
- wie eine Vorsorgevollmacht aussehen kann (Mustervollmacht ab S. 93).

Vorsorgevollmacht – dafür brauchen Sie sie

Sie kennen das: Wer bei bestimmten Vorgängen zur Abgabe rechtsgeschäftlicher Erklärungen verhindert ist, wird häufig die eine oder andere Vollmacht erteilen müssen.

Mit der Erteilung einer Vorsorgevollmacht möchte man sich – noch im Vollbesitz der geistigen Kräfte – für den Fall absichern, dass die Abgabe persönlicher Willenserklärungen (später) nicht mehr möglich ist. Dies soll dann eine Vertrauens- bzw. Betreuungsperson in die Hand nehmen.

Keine gesetzliche Vertretungsregelung

Häufig wird übersehen, dass es keine automatische, gesetzlich abgesicherte Vertretungsregelung gibt, nicht einmal wenn es sich um nahe Verwandte handelt. Eine solche Vertretungsmacht haben höchstens Eltern in Bezug auf ihre minderjährigen Kinder. Das kann bedeuten, dass nicht einmal der langjährige Ehepartner oder eingetragene Lebenspartner vollumfänglich, insbesondere im rechtsgeschäftlichen Bereich, über das Vermögen seines Partners verfügen kann.

> Bei fehlender Entscheidungsfähigkeit kann zunächst niemand für Sie Rechtsgeschäfte tätigen, wenn keine Vollmacht vorliegt oder ein gerichtlich bestellter Betreuer die Vertretung übernimmt.

Generalvollmacht nicht ausreichend

Meist reicht nicht einmal eine sog. Generalvollmacht aus, da diese eigentlich nur den Vermögensbereich abdeckt. Für den Bereich der Gesundheitsfürsorge gilt sie nicht – also etwa die erforderliche Zustimmung zu ärztlichen Eingriffen, notwendigen Unterbringungen in Pflegeeinrichtungen bis hin zu Fragen der Organspende usw.

Was Sie mit der Vorsorgevollmacht alles regeln können

Im Einzelnen können/sollten Sie folgende Punkte in einer Vorsorgevollmacht regeln:

- Gesundheitsangelegenheiten,
- Vermögensangelegenheiten und
- Aufenthaltsbestimmung.

Gesundheitsangelegenheiten

Bei der Regelung der Gesundheitsangelegenheiten besteht die Möglichkeit, dem Bevollmächtigten die Entscheidung über ärztliche Behandlungen zu übertragen. Er darf dann über jegliche Arten von ärztlichen Behandlungen, Therapien, Medikamentenvergabe, Pflege und Operationen entscheiden.

> Die Befugnis für den Bevollmächtigten, in eine Unterbringung oder in lebensgefährliche Operationen einzuwilligen, muss ausdrücklich in der Vollmacht erwähnt sein. Andernfalls müsste für diese Aufgabe ein Betreuer bestellt werden!

In Eilfällen, z. B. bei einer Notoperation, kann der Bevollmächtigte, obwohl er grundsätzlich bei schwerwiegenden Entscheidungen die Genehmigung des Betreuungsgerichts einholen muss, zunächst ohne diese Genehmigung entscheiden. Umso wichtiger kann die separat abgefasste Patientenverfügung dann sein, gerade wenn auf den Bevollmächtigten/die Vertrauensperson bei fortschreitender Erkrankung bis in die Sterbephase die Frage nach der Abstandsnahme von weiteren lebenserhaltenden Maßnahmen zukommt.

Die Vorsorgevollmacht enthält insoweit wenige Hinweise zur Wahrnehmung der Angelegenheiten der Gesundheitsfürsorge und zur Einwilligung in ärztliche Behandlungen bis hin zur Aufenthaltsbestimmung.

> Es ist sinnvoll, die behandelnden Ärzte gegenüber dem Bevollmächtigten von der ärztlichen Schweigepflicht zu entbinden. Außerdem sollte der Bevollmächtigte seinerseits Ärzte gegenüber Dritten von der Schweigepflicht entbinden dürfen – z. B. bei Versicherungsangelegenheiten.

Vermögensangelegenheiten

Sie können den Bevollmächtigten berechtigen, Sie in allen

- Vermögens-,
- Steuer-,
- Renten-,
- Sozial- und
- sonstigen Rechtsangelegenheiten

sowohl gerichtlich wie auch außergerichtlich zu vertreten. Die Vorsorgevollmacht sollte insbesondere die Vertretung gegenüber

- Behörden,
- Banken,
- Versicherungen und der
- Krankenkasse

umfassen. Dann hat der Bevollmächtigte z. B. das Recht, Bankgeschäfte zu tätigen, den Haushalt aufzulösen und Mietverträge zu kündigen.

Ratsam ist es auch, dass die Vollmacht über den Tod hinaus gültig bleibt. Dann ist der Bevollmächtigte auch nach dem Tod des Vollmachtgebers handlungsfähig und kann solange Maßnahmen treffen, bis die Erben einen Erbschein haben. Denkbare wäre auch eine zeitliche Befristung, etwa dass die Vorsorgevollmacht drei bis sechs Monate nach dem eingetretenen Todesfall weiter gelten soll, um auch für die notwendigen Schritte nach dem Todesfall Aktivitäten der Vertrauensperson zu ermöglichen.

Aufenthaltsbestimmung

Schließlich sollten Sie die Bestimmung Ihres Aufenthalts festlegen. Damit entscheiden Sie, von wem Sie im Fall der Pflegebedürftigkeit versorgt werden wollen und ob bzw. wann ein Umzug in ein Altersheim erfolgen soll. Außerdem können Sie festlegen, in welcher Einrichtung Sie versorgt werden möchten bzw. wo Sie auf keinen Fall untergebracht werden wollen.

Patientenverfügung oder Vorsorgevollmacht?

Vorsorgevollmacht regelt mehr

Im Gegensatz zur Patientenverfügung, die sich vorrangig an das behandelnde Ärzteteam und das Pflegepersonal richtet, wird mit der umfassenden Vorsorgevollmacht die Möglichkeit geschaffen, dass die eingesetzte Vertrauensperson die notwendigen Erklärungen und Einwilligungen abgeben und wichtige Entscheidungen treffen kann. Denn wenn man sonst eben nicht mehr in der Lage ist, seinen eigenen Willen zu äußern bzw. Erklärungen abzugeben, lässt sich hierdurch eine Betreuerbestellung durch das Betreuungsgericht nach § 1896 BGB vermeiden.

Bei entsprechender Bevollmächtigung kann die eingesetzte Vertrauensperson nicht nur Einsicht in die Arztunterlagen erhalten, Auskunft und Beratung für bestimmte Handlungsvorgänge in Anspruch nehmen, sondern auch die Zustimmung zur Fortsetzung bzw. zum Abbruch von Behandlungsmaßnahmen bei Beginn der Sterbephase etc. erteilen.

Gesundheitsfürsorge

Häufig wird daher die weitgehende Vorsorgevollmacht mit einer erweiterten Entscheidungsmöglichkeit auch im Bereich der Gesundheitsfürsorge als eine gewisse „zusätzliche" Kontrolle für Entscheidungen zu anstehenden Behandlungen empfunden.

Der in der Vorsorgevollmacht angesprochene und vorgesehene Bereich der Abgabe von Erklärungen in Gesundheitsangelegenheiten geht daher sehr weit bis hin zu notwendigen Einwilligungen zu Operationen und anderen körperlichen Eingriffen.

Aufenthaltsbestimmung
Er umfasst aber auch die Entscheidung über notwendige „freiheitsentziehende Maßnahmen", also Aufenthaltsbestimmung, Einweisung bzw. Unterbringung in Pflegeheimen bis hin zur Zustimmung zu medizinisch gebotenen Einzelmaßnahmen im Patienteninteresse zum Schutz vor Verletzungen, z. B. Anbringung von Bettgittern oder Gurten durch das Pflegepersonal.

Umfang und Geltungsbereich der Vorsorgevollmacht

Jeder Vollmachtsgeber kann den Umfang der Vollmacht festlegen. In Frage kommen folgende Bereiche:

- Führung der Rechtsgeschäfte,
- Aufenthaltsbestimmung,
- Verfügung über das vorhandene Vermögen,
- Handlungsvollmacht für Wohnungsangelegenheiten,

- umfassende Bevollmächtigung zum Bereich der Gesundheitsfürsorge u. a.,
- Abgabe notwendiger Erklärungen gegenüber Behörden, Dienststellen

Selbstverständlich können auch Einschränkungen vermerkt werden, etwa bei den Grundstücksgeschäften, dass zwar eine Belastung, aber keine Veräußerung der Immobilie erfolgen darf.

> Wenn Sie die Vollmacht sofort aushändigen wollen, könnten Sie zum Schutz vor Missbrauch vermerken, dass sie erst dann in Kraft treten darf, wenn durch ein ärztliches Attest Handlungsunfähigkeit bescheinigt ist.

Allerdings können Einschränkungen zu rein praktischen Problemen führen – der Hinweis auf die Wirksamkeit z. B. in Abhängigkeit von einem entsprechenden ärztlichen Attest wird dazu führen, dass Banken bei Prüfung der Vollmacht einen Wirksamkeitsnachweis verlangen.

Klären Sie daher rechtzeitig mit Ihrer Hausbank oder anderen Kreditinstituten, ob die ggf. selbst abgefasste Vorsorgevollmacht im Verhinderungsfall akzeptiert wird, damit der Bevollmächtigte wie vorgesehen handeln kann. Teilweise reicht die Hinterlegung einer Kopie beim Kreditinstitut. Manche Großbanken verlangen allerdings auf jeden Fall eine notariell erstellte Vorsorgevollmacht, unter Hinweis auf eigene Allgemeine Geschäftsbedingungen.

Notarielle Beglaubigung

Zumindest bei dem weiten Wirkungsbereich einer Vorsorgevollmacht sollten Sie, soweit keine Eile geboten ist, auf eine notarielle Beglaubigung der vollzogenen Unterschrift achten. Für die Beglaubigung beim Notariat fallen nur geringe Gebühren an.

Selbstverständlich können Sie eine solche Beglaubigung auch durch einen eingesetzten Ratsschreiber bei Städten und Gemeinden oder die Betreuungsbehörden/Betreuungsvereinen vornehmen lassen.

Geltung regelmäßig erneuern

Vermerken Sie in absehbaren Zeiträumen durch eine kurze Bestätigung unter der bereits erstellten Vorsorgevollmacht, ggf. auch im Falle einer notariellen Vollmacht, dass diese Vollmacht auch weiterhin uneingeschränkt gilt, und zwar mit aktuellem Datumsvermerk und eigenhändiger Unterschrift. Geben Sie dabei auch eine Erklärung ab, dass Sie im Vollbesitz Ihrer geistigen Kräfte nach Prüfung des Inhalts an der Vollmachtserteilung und den darin getroffen Festlegungen vollumfänglich festhalten.

Innen- und Außenverhältnis der Vorsorgevollmacht

Bei der Vorsorgevollmacht sollte man zwischen dessen Innen- und Außenverhältnis unterscheiden: Im sog. Außenverhältnis, also gegenüber Dritten, gilt diese Bevollmächtigung ab Unterzeichnung. Anders sieht es im Innenverhältnis aus.

Die erteilte Vollmacht kann gegenüber dem Bevollmächtigten vorsehen, dass er diese erst dann einsetzen darf,

- wenn der Vollmachtgeber selbst handlungsunfähig bzw. an der Ausübung seines eigenen Willens gehindert ist oder
- bereits dann, wenn zwar noch keine Handlungsunfähigkeit vorliegt, der Vollmachtgeber aber etwa altersbedingt, aus Gründen der eingeschränkten körperlichen Beweglichkeit bis hin zu Behinderungen nicht in der Lage und gewillt ist, seine persönlichen Angelegenheiten selbst wahrzunehmen, oder aber auch
- aufgrund von Einzelvorgaben, z. B. während eines längeren auswärtigen Aufenthalts bei uneingeschränkter Leistungsfähigkeit.

Um jeglichen Missbrauch zu vermeiden, müssen die Vorgaben zur Verwendung klar geregelt und abgesprochen werden.

> Wünschen Sie nur bei vorübergehendem „Ausfall" der Handlungsfähigkeit eine Vertretung, sollten Sie eine widerrufbare Handlungsvollmacht für Vermögens- und rechtsgeschäftliche Angelegenheiten erteilen.

Das Muster für die Vorsorgevollmacht in diesem Kapitel ab S. 93 ist darauf ausgerichtet, dass ein Vertretungsfall tatsächlich erst eintreten soll, wenn die geistige Einsichts- und Wahrnehmungsfähigkeit beeinträchtigt und die Handlungsfähigkeit nicht mehr gegeben ist.

Soll hingegen diese einmal ausgestellte Vollmacht nach Weisung des Vollmachtgebers bei voll vorhandener eigener Entscheidungsfähigkeit vor diesen Ernstfällen eingesetzt werden, empfiehlt sich ggf. eine kurze schriftliche Vereinbarung mit dem Vollmachtnehmer im Innenverhältnis. Darin sollte geregelt sein, zu welchem Zweck, für welchen Vorgang oder auch Zeitraum die ausgestellte Vorsorgevollmacht zum Einsatz kommen soll. Eine Grundbedingung ist dann natürlich die Aushändigung der Vollmacht an den Bevollmächtigten.

Beispiel: Neffe als Bevollmächtigter

Der in einem Altenheim wohnende Eigentümer mehrerer Mietwohnungen sieht sich bei der Verwaltung überfordert. Er hat seinen Neffen bereits als Vertrauensperson, also als Bevollmächtigten, in einer Vorsorgevollmacht eingesetzt.

Der Neffe soll sich aber bereits jetzt, natürlich mit interner Rechenschaftspflicht, um die zu regelnden finanziellen Angelegenheiten kümmern. Diese interne Ermächtigung könnte zur Sicherheit schriftlich niedergelegt werden – einmal zum persönlichen Schutz des Vollmachtgebers beim Einsatz der Vollmacht, andererseits damit bei einem eintretenden Todesfall dies auch gegenüber den Erben dokumentiert ist.

Im Außenverhältnis wird der Neffe bei Vorlage der Vollmacht ansonsten entsprechend den darin enthaltenen rechtsgeschäftlichen Befugnissen als gesetzlicher Vertreter handeln und auftreten können. Möglich wäre darüber hinaus, dass der Neffe eine pauschale Vergütung für seine Dienste erhält.

Fast üblich, soweit Vorsorgevollmachten zwischen Ehepartnern ausgestellt werden, ist dann die gegenseitige Einsetzung als „bewährte" Vertrauensperson. Dann aber ergänzt um einen Ersatzbevollmächtigten, falls die Interessenwahrnehmung, aus welchen Gründen auch immer, nicht erfolgen kann.

Wie Sie das Innenverhältnis mit dem Bevollmächtigten optimal regeln

Folgende Gesichtspunkte sollten Sie bei der Regelung des Innenverhältnisses beachten:

- Stellen Sie fest, dass nicht nur ein rechtlich unverbindliches Gefälligkeitsverhältnis, sondern ein rechtlich verbindliches Auftragsverhältnis besteht.
- Regeln Sie Ihre persönliche Versorgung. Hierunter fallen Regelungen zur Gesundheitssorge und zur Aufenthaltsfrage für den Vorsorgefall.
- Gerade bei der Aufenthaltsfrage sollte klargestellt werden, dass zunächst immer eine Versorgung in der häuslichen Umgebung erfolgen soll. Beispielsweise soll, wenn man sich durch einen Treppensturz das Bein gebrochen hat, noch keine Einweisung in ein Altenpflegeheim statthaft sein, wenn die Versorgung zu Hause möglich ist. Sie könnten auch festlegen, dass eine gebotene Unterbringung im Pflegefall in einem festgelegten regionalen Umfeld (Stadt- bzw. Gemeindebezirk) erfolgen soll.
- Bei Regelungen zur Gesundheitssorge sollte eine Abstimmung mit einer eventuell bestehenden Patientenverfügung erfolgen. Hier darf es nicht zu Widersprüchen kommen.

- Machen Sie dem Bevollmächtigten deutlich, was Ihnen wichtig ist, beispielsweise der regelmäßige Besuch eines Gottesdienstes oder der Besuch des Grabes des verstorbenen Ehegatten.
- Bei der Regelung der Vermögensangelegenheiten sollten Sie Vorgaben machen, wie z. B. die Kapitalanlageform gewählt werden sollte. Oder geben Sie eine Anweisung, dass der Bevollmächtigte den Rat einer bestimmten Person oder Bank bei der Kapitalanlage befolgen soll.
- Fixieren Sie ausdrücklich, was Ihnen bei der Kapitalanlage wichtig ist und welches Risiko der Bevollmächtigte eingehen darf. Banken arbeiten üblicherweise mit fünf Risikoklassen der Kapitalanlage. Nennen Sie nach Rücksprache mit Ihrer Bank eine Risikoklasse, die der Bevollmächtigte nicht überschreiten darf.
- Weisen Sie den Bevollmächtigten an, Ihr Vermögen getrennt von seinem Privatvermögen zu halten.
- Bei mehreren Bevollmächtigten können Sie zwar eine Einzelvertretungsbefugnis erteilen, aber dennoch für das Innenverhältnis regeln, dass nach einer bestimmten Rangfolge zu handeln ist. So können Sie anordnen, dass zunächst Ihr Ehegatte berechtigt sein soll und erst anschließend Ihre Kinder (auch hier Reihenfolge festsetzen).
- Regeln Sie die Auskunfts- und Rechenschaftspflicht des Bevollmächtigten (§ 666 BGB), also wann und ob überhaupt Auskunft erteilt und Rechenschaft durch den Bevollmächtigten abgelegt werden soll.

- Nehmen Sie ggf. eine Haftungsbegrenzung bei einer Bevollmächtigung im rein privaten Bereich auf Vorsatz und grobe Fahrlässigkeit auf.
- Treffen Sie Regelungen, ob der Bevollmächtigte eine Vergütung erhalten soll, wenn ja, in welcher Höhe und wann die Auszahlung erfolgen soll. Ebenso ist die Frage des Aufwendungsersatzanspruchs zu regeln, wenn z. B. der Bevollmächtigte zunächst auf eigene Kosten für den Vollmachtgeber Geld ausgelegt hat.

Soll es bei der gesetzlichen Regelung zur Auskunfts- und Rechenschaftspflicht gemäß § 666 BGB bleiben, ist dem Bevollmächtigten zu raten, unbedingt

- Verwendungsnachweise für das Bargeld zu erstellen,
- nur gegen Quittungen über Geld oder Gegenstände zu verfügen,
- alle Quittungen sicher aufzubewahren und
- wegen der Rechenschaftslegungspflicht vorsorglich ein Haushaltsbuch zu führen.

Wie Sie das Innenverhältnis mit dem Kontrollbevollmächtigten optimal regeln

Um eine effektive Kontrolle zu gewährleisten, sollte der Kontrollbevollmächtigte (vgl. S. 82) die gleichen Rechte wie ein vom Betreuungsgericht bestellter Kontrollbetreuer haben (§ 1896 Abs. 3 BGB):

- Recht auf Auskunft und Rechnungslegung,
- jährliches Prüfungsrecht der Rechnungslegung,
- Entscheidungskompetenz über ein mögliches Abweichen vom Auftrag (§ 665 Satz 2 BGB),
- Recht zum Widerruf der Vollmacht bei Vorliegen bestimmter Voraussetzungen,
- Geltendmachen von Schadensersatzansprüchen zugunsten des Vollmacht- bzw. Auftraggebers sowie
- Recht, die Dinge herauszuverlangen oder geltend zu machen, die der Bevollmächtigte zur Auftragsausführung erhalten hat.

Ferner sollten Sie den Zeitpunkt festlegen, ab wann der Kontrollbevollmächtigte in seiner Funktion als Kontrollorgan handeln soll. Meistens genügt es festzulegen, dass er erst dann tätig werden soll, wenn er von Dritten zuverlässig Kenntnis davon erhält, dass der oder die Bevollmächtigten seine/ihre Vollmacht missbrauchen oder dass es Dissonanzen zwischen dem/n Bevollmächtigten und Dritten gibt.

Selbstverständlich sollte der Kontrollbevollmächtigte auch dann eingreifen können, wenn er es für erforderlich hält oder dies praktisch notwendig wird, wie z. B. bei notwendigen Zustimmungen oder wenn die Einrichtung einer Kontrollbetreuung durch das Betreuungsgericht erwogen wird.

> Sollten Sie Opfer von Personen geworden sein, die Ihre Vollmacht gegen Ihre Interessen ausgenützt haben, können Sie sich z. B. an den Verein Licht in Sicht wenden: www.licht-in-sicht.org.

Ab wann sollte die Vorsorgevollmacht gelten?

Im Einzelnen gibt es mehrere Bevollmächtigungsarten:

- bedingte Vollmacht,
- unbedingte Vollmacht,
- transmortale Vollmacht und
- postmortale Vollmacht.

Bedingte und unbedingte Vollmacht

Die bedingte Vollmacht hat sich in der Praxis als untauglich herausgestellt. Sie tritt nur unter der Bedingung in Kraft, dass der Vollmachtgeber geschäfts- oder handlungsunfähig ist und dadurch einer Betreuung bedarf. Will der Bevollmächtigte für den Vollmachtgeber handeln, muss er zunächst beweisen, dass diese Bedingung eingetreten ist, was sich in der Praxis schwierig gestaltet. Aus diesem Grunde sollten Sie die Vorsorgevollmacht grundsätzlich ohne Bedingungen erteilen.

Postmortale und transmortale Vollmacht

Eine postmortale Vollmacht ist ebenfalls ungeeignet, um Vorsoge für die Zeit bis zum Tod zu treffen, denn sie gilt erst ab dem Zeitpunkt des Todes. Manchmal kann es sinnvoll sein, die Vollmacht transmortal zu gestalten, d. h. so, dass diese Vollmacht auch über den Tod hinaus weiter gilt.

Grundsätzlich erlischt die Vollmacht nicht mit dem Tode des Vollmachtgebers. Will man jedoch durch die Vollmacht nur die Zeit bis zum Tod regeln, so sollte dies in der Vorsorgevollmacht festgehalten werden.

Vorsorgevollmacht vs. Generalvollmacht

Wichtig ist, die Vorsorgevollmacht auch als solche zu bezeichnen, um sie z. B. von einer Generalvollmacht abzugrenzen. Die Vorsorgevollmacht umfasst grundsätzlich nur die Bereiche der Vermögenssorge, der Gesundheitssorge und der Aufenthaltsbestimmung.

Sie tritt außerdem nur dann in Kraft, wenn der Vollmachtgeber aufgrund einer psychischen Krankheit oder körperlichen, geistigen oder seelischen Behinderung seine Angelegenheiten ganz oder teilweise nicht mehr selbst regeln kann oder will.

Eine Generalvollmacht gilt hingegen für alle Fälle, unabhängig von einer Beeinträchtigung des Vollmachtgebers. Sie beinhaltet also sozusagen eine Totalstellvertretung, die allerdings nicht immer gewünscht ist.

Welche Sicherungen sollten Sie aufnehmen?

Vollmachten bedeuten – wie schon der Name sagt – volle Macht dessen, der sie innehat.

Grundsätzlich ist zwischen dem Außen- und dem Innenverhältnis der Vollmacht zu unterscheiden. Der Bevollmächtigte kann im Außenverhältnis, also im Verhältnis zu Dritten, alle Tätigkeiten ausführen, zu denen ihn die Vollmacht berechtigt. Etwaige Beschränkungen, die der Vollmachtgeber dem Bevollmächtigten im Innenverhältnis auferlegt hat, sind für Dritte dabei ohne Belang.

Beispiel: Verfügungsbegrenzung wirkungslos

Der Bevollmächtigte hat die Anweisung, monatlich nur über 2.000 Euro zu verfügen, besitzt aber eine unbeschränkte Vollmacht. Also kann er ohne weiteres mehr als 2.000 Euro von der Bank abheben. Denn für die Bank – als Dritten – ist es in diesem Fall unerheblich, ob er eventuell dem Vollmachtgeber schadensersatzpflichtig ist.

Aus diesem Grunde sollten Sie auf Folgendes achten:

- Sie könnten in der Vorsorgevollmacht einen sogenannten Kontrollbevollmächtigten einsetzen, der die Tätigkeiten des Bevollmächtigten überprüft.
- Machen Sie dem Bevollmächtigten konkrete schriftliche Vorgaben. Diese Vorgaben können Sie auch außerhalb der eigentlichen Vorsorgevollmacht festhalten. Je genauer die Vorgaben sind, desto besser kann ein Kontrollbevollmächtigter deren Umsetzung überprüfen. So können Sie wichtige Entscheidungen – z. B. die Einweisung in ein Altersheim oder den Verkauf des Wohnhauses – von der Zustimmung des Kontrollbevollmächtigten abhängig machen.

Auswahl des Kontrollbevollmächtigten

Als Kontrollbevollmächtigter eignet sich meistens ein versierter Rechtsanwalt. Überlegen Sie ggf., ob dieser Anwalt dann nicht auch gleichzeitig für möglicherweise notwendige Verfahrenspflegschaften als Verfahrensbevollmächtigter eingesetzt werden soll (im Rahmen der Bevollmächtigung nach Maßgabe der §§ 67, 70b FGG). Hierdurch lässt sich wiederum der Einfluss außenstehender Dritter vermeiden.

Bedenken Sie auch, dass der Bevollmächtigte mit den Aufgaben überfordert sein könnte. Dies ist insbesondere in den Fällen der gegenseitigen Bevollmächtigungen von Eheleuten ohne Kinder der Fall. Ist kein großer Altersunterschied vorhanden, ist der bevollmächtigte Ehegatte möglicherweise selbst nicht mehr in der Lage, alle notwendigen Schritte für den Partner einzuleiten. Dies kann dazu führen, dass staatliche Betreuung notwendig wird.

Kombinationsbevollmächtigung

Einen Ausweg bieten Kombinationsbevollmächtigungen. Dabei werden einerseits Privatpersonen und andererseits z. B. Rechtsanwälte bevollmächtigt. Hierdurch soll sowohl die Unterstützung des bevollmächtigten Ehepartners als auch die Versorgung des Längstlebenden gewährleistet werden.

> Zur Absicherung des Ausfalls von bevollmächtigten Anwälten können Sie z. B. den Vorstand des örtlichen Anwaltsvereins oder der Deutschen Vereinigung für Vorsorge- und Betreuungsrecht e. V. (siehe auch www.dvvb-ev.de) bevollmächtigen, einen Ersatzanwalt zu benennen.

Außerdem sollten Sie unbedingt festlegen, ob der Bevollmächtigte aufgrund der Vorsorgevollmacht auch über so genannte Anstands- und Pflichtschenkungen hinaus Schenkungen in Ihrem Namen vornehmen darf. Denn hier besteht die Gefahr des Missbrauchs.

Allerdings können Schenkungen – z. B. aus steuerlichen Gründen im Wege der vorweggenommenen Erbfolge – manchmal auch sehr nützlich sein. Hier sollten Sie das Für und Wider in Ihrem persönlichen Fall abwägen. Im Zweifel sollten Sie aber eher keine Schenkungen zulassen.

Regelungen bei mehreren Bevollmächtigten

Man muss sich nicht auf eine Einzelperson beschränken, es kann durchaus auch die Vorgabe erfolgen, dass z. B. zwei eingesetzte Bevollmächtigte immer gemeinschaftlich handeln müssen. Das „Vier-Augen-Prinzip" wird manchmal gewählt, wenn bewusst z. B. bei finanziellen Angelegenheiten Wert auf eine gegenseitige Abstimmung gelegt wird. Allerdings ist diese Mehrfach-Bevollmächtigung – auch wegen der manchmal schwierigen Abstimmung bei zwei oder mehreren Beteiligten – in der Praxis nicht unbedingt empfehlenswert.

Im Vollmachtsmuster ist bereits eine Befreiung von den Beschränkungen des § 181 BGB vorgesehen. Ist diese Befreiung nicht berücksichtigt, sieht das BGB dazu vor, dass ein Bevollmächtigter mit Wirkung für den Vollmachtgeber mit sich selbst keine Rechtsgeschäfte ohne besondere Zustimmung tätigen darf. Aber gerade wenn die oder der Bevollmächtigte ein naher Angehöriger ist, vielleicht auch eine Immobilie vorhanden ist, kann es mehr als sinnvoll sein, durch die Befreiung die Möglichkeit zu bieten, dass ein Bevollmächtigter selbst diese Immobilie im gebotenen Verkaufsfall erwirbt, also der Familienbesitz nicht unbedingt an Dritte übergeht.

Sie können für konkrete einzelne Aufgabenbereiche jeweils verschiedene Personen oder für ein und denselben Aufgabenkreis mehrere Personen bevollmächtigen. Dann müssen Sie aber entscheiden, ob diese Personen jeweils einzelvertretungsberechtigt sein sollen oder wenigstens in Teilbereichen als Gesamtbevollmächtigte handeln können bzw. sollen.

Bei einer Gesamtbevollmächtigung können bei der praktischen Durchführung einige Probleme auftreten. Zwar hat sie den Vorteil, dass sich die Bevollmächtigten gegenseitig kontrollieren können, allerdings müssen Sie darauf achten, dass sie dadurch nicht handlungsunfähig werden.

> Wichtig ist auf jeden Fall die Benennung eines „Ersatzbevollmächtigten" für den Fall, dass der zunächst als Einzelperson eingesetzte Bevollmächtigte sein Amt niederlegt.

Schwierigkeiten mit dem Bevollmächtigten

Kommen Bedenken bezüglich der Vorsorgevollmacht auf, reagieren nach den Erfahrungen aus der anwaltschaftlichen Praxis Behörden, Banken, aber insbesondere auch Krankenhäuser und Pflegeheime gelegentlich sehr aufmerksam.

Beispiel: Betreuungsperson nicht zuverlässig

Trotz mehrfacher Aufforderung durch die Pfleger im Krankenhaus kommt die durch die Vorsorgevollmacht legitimierte Betreuungsperson ihren Aufgaben nicht nach.

Hier könnte z. B. durch Unterrichtung etwa des Betreuungsgerichts der Vorgang aktenkundig gemacht werden. Das Betreuungsgericht hat dann die Möglichkeit einzugreifen und ggf. einen amtlichen Betreuer oder einen Ergänzungspfleger – etwa für den Bereich der Vermögenssorge – zu bestellen.

Widerruf der Vorsorgevollmacht

Selbstverständlich können Sie die Bevollmächtigung jederzeit widerrufen, Ihre entsprechende Geschäfts-, Handlungs- und Einsichtsfähigkeit hierfür vorausgesetzt.

Beispiel: Widerruf der Vollmacht

Mit der 2011 errichteten Vorsorgevollmacht wird der Neffe als Betreuungsperson/Bevollmächtigter eingesetzt. Der Neffe weiß davon, denn der Vollmachtgeber hat dies in einem ausführlichen Gespräch erläutert.

Die Vollmacht befindet sich aber noch im Besitz des Vollmachtgebers und wurde noch nicht ausgehändigt. Kommt es später zu einem Zerwürfnis, kann natürlich die Originalvollmacht widerrufen oder verändert werden. Soweit allerdings Kopien bei weiteren Vertrauenspersonen hinterlegt sind sollte die Information über den Entzug der Vollmacht weitergegeben werden. Informieren Sie also zur Sicherheit unbedingt auch die Bank vorab darüber!

Handelt es sich um eine notariell errichtete Vorsorgevollmacht, gelten die gleichen Grundsätze. Zwar befindet sich die Abschrift der Vollmachtsurkunde im Notariat.

Die Originalvollmacht wird jedoch im Regelfall, vorbehaltlich anderer Anweisung, dem Vollmachtgeber ausgehändigt. Dieser kann dann mit einem entsprechenden Vermerk die Ungültigkeit in seinen persönlichen Unterlagen dokumentieren. Eine Benachrichtigung des Notariats sollte ergänzend erfolgen, damit von dort aus auch das Zentrale Vorsorgeregister über den Widerruf unterrichtet wird.

Vollmacht bereits ausgehändigt

Schwierig wird es natürlich dann, wenn die erteilte Vollmacht bereits ausgehändigt ist. Hier muss nicht nur der Widerruf erklärt werden, sondern auch die uneingeschränkte Aufforderung zur sofortigen Rückgabe der Vollmacht erfolgen. Gibt es hierüber bereits Meinungsverschiedenheiten, sollte, um jeglichen Missbrauch zu vermeiden, sofortige anwaltschaftliche Hilfe in Anspruch genommen werden.

Wann kommt es zur Amtsbetreuung?

Wie bereits aus den vorherigen Ausführungen erkennbar, akzeptiert der Bundesgesetzgeber jetzt auch die Benennung eines oder mehrerer Bevollmächtigten. Liegt jedoch keine Vorsorgevollmacht vor, kann das Betreuungsgericht ein Betreuerbestellungsverfahren einleiten.

Betreuer nicht gegen den eigenen Willen bestellbar

Zunächst aber gilt der unumstößliche Grundsatz, dass gegen den freien Willen eines Volljährigen kein Betreuer bestellt werden darf (§ 1896 Abs. 1a BGB). Nur für den Fall, dass eine Person überfordert ist – es also an der Einsichtsfähigkeit und der Fähigkeit, nach dieser Einsicht zu handeln, fehlt –, kann sich die Frage einer Betreuerstellung ergeben. Ist dies streitig, entscheidet letztendlich das Betreuungsgericht hierüber. Dabei kann sogar ein Sachverständigengutachten eingeholt werden, um die Einsichtsfähigkeit festzustellen.

Die Rechtslage

Mit einer Vielzahl von Änderungen des Bürgerlichen Gesetzbuches wurde 2005 nicht nur das Betreuerbestellungsverfahren neu geregelt, sondern auch die damit verbundenen betreuungsgerichtlichen Zuständigkeiten. Dies reicht bis zu Detailregelungen zu den Vergütungsansprüchen. Diese Regelungen gelten für alle eingesetzten Betreuer, egal ob sie ehrenamtlich tätig sind, als Berufsbetreuer oder z. B. für einen Betreuungsverein arbeiten.

Überblick: die geltenden Regelungen

- Selbst wenn in einer separaten Betreuungsvollmacht ein Betreuungsvorschlag vorliegt, kann die Bestellung des vorgesehenen Betreuers unterbleiben, wenn Bedenken gegen ihn bestehen.

- Bei der Betreuerauswahl ist das Betreuungsgericht gehalten, zunächst einen ehrenamtlich tätigen Betreuer bzw. Vormund zu bestellen.
- Besondere Prüfungspflichten vor der Bestellung gibt es für die sog. Berufsbetreuer. Wer also berufsmäßig die Betreuung übernimmt, muss beispielsweise ein Führungszeugnis und eine Auskunft aus dem Schuldnerverzeichnis vorlegen. Damit wird vermieden, dass z. B. Vorstrafen oder eine Überschuldung die geforderte Objektivität beeinträchtigen.
- Im Regelfall wird jedoch das Betreuungsgericht dem Vorschlag der Betreuungsperson, der z. B. in einer Betreuungsvollmacht zu finden ist, folgen.

Es gibt in diesem Zusammenhang eine erkennbare „Hierarchie" für die Bestellung von Betreuern. Zunächst ist das Betreuungsgericht gehalten, der Eignung der benannten Personen nachzugehen. Liegen solche Hinweise nicht vor bzw. scheidet der eine oder andere Vorschlag aus – z. B. wenn die benannte Person nicht bereit ist, die Betreuung zu übernehmen –, ist zu prüfen, ob es der Betreuungsperson nahe stehende Personen gibt, die die Betreuung übernehmen. Falls auch dies nicht der Fall ist, kann auch ein familienfremder Betreuer bestellt werden.

Beispiel: Der gewählte Betreuer ist verhindert

Der bereits in einer Betreuungsverfügung vorgesehene Betreuer ist wegen eines Auslandsaufenthalts daran gehindert, die Betreuung zu übernehmen. Es handelt sich um den einzigen nahe stehenden Angehörigen der inzwischen geschäftsunfähigen Betreuungsperson.

> Ergibt sich nun – etwa durch Rücksprache mit dem behandelnden Arzt, dem Pflegepersonal oder durch Kontaktaufnahme zu Pflegeeinrichtungen –, dass sich z. B. ein Bekannter der Betreuungsperson um diese kümmert, könnte diese Person dann als ehrenamtlich bestellter Betreuer eingesetzt werden. Sie muss allerdings der Übernahme der Betreuungstätigkeit zustimmen.

Erst wenn sich im näheren Umfeld des zu Betreuenden keine geeignete Person für diese Aufgabe findet, soll als gesetzlicher Betreuer ein Betreuungs- oder Vormundschaftsverein oder eine Behörde, ansonsten ein Berufsbetreuer bzw. Berufsvormund bestellt werden. Hierbei muss es sich um einen ausdrücklich anerkannten Betreuungsverein handeln. Betreuungsbehörde kann z. B. das Sozial- oder Jugendamt werden.

Anforderungen an Berufsbetreuer

Für Berufsbetreuer wurden die Anforderungen, aber auch Auskunftspflichten teilweise deutlich verschärft. So verlangt z. B. das Betreuungsgericht jetzt von einem berufsmäßig tätigen Betreuer in bestimmten Fällen, dass zu Beginn der Betreuung ein sog. Betreuungsplan erstellt wird, in dem die Ziele der Betreuung und die zur Erreichung vorzunehmenden Maßnahmen konkret darzustellen sind. In dieser derzeit noch etwas umstrittenen Vorgabe wurden auch die Überwachungsmöglichkeiten des Betreuungsgerichts konkretisiert.

> Ein Betreuer kann bei Vorliegen eines bestimmten Grundes jetzt auch entlassen werden, wenn er eine erforderliche Abrechnung vorsätzlich falsch ausgestellt hat.

Neben den ohnehin schon bestehenden Aufsichts- und Kontrollmöglichkeiten (auch zur Rechnungslegung) ist jetzt sogar eine gesetzliche Prüfungsfrist neu aufgenommen worden: Selbst bei längerer Betreuungsbedürftigkeit muss ein Betreuungsgericht spätestens sieben Jahre nach der Bestellung nochmals über die Aufhebung oder Verlängerung der Betreuung entscheiden.

Amtlich bestellte Betreuer: die Rechtslage

Umfangreich ist die Regelung der Betreuervergütung, die im Gesetz über die Vergütung von Familienbetreuern (Vormund- und Betreuergesetz – VBVG) festgelegt wurde. Diese ist jedoch sehr niedrig und richtet sich u. a. auch nach persönlichen Qualifikationen des eingesetzten Betreuers.

Bei Berufsbetreuern beginnt die Vergütung bei 27 € und erhöht sich wiederum je nach Qualifikation auf bis zu 44 €. Dies gilt auch für eine Vergütung bei Einschaltung eines Betreuungsvereins.

Betreuungsvereine haben besondere Aufgaben zu erfüllen: Sie können nach § 1908 f. BGB Betreuer und Bevollmächtigte beraten, z. B. bei der Übernahme vormundschaftlicher/betreuerischer Tätigkeiten, wenn das Betreuungsgericht eingeschaltet wurde. Betreuungsvereine dürfen aber auch Personen beraten, die bei der Errichtung einer Vorsorgevollmacht Hilfe benötigen. Dies wird jedoch sicherlich von einer Mitgliedschaft abhängig sein. Zudem werden von Betreuungsvereinen je nach Sachverhalt häufig ehrenamtliche Betreuer statt Berufsbetreuer eingeschaltet. Ehrenamtliche Betreuer können seit 2010 einen besonderen Steuerfreibetrag nutzen (nach § 3 Nr. 26b EStG).

Formale Anforderungen der Vorsorgevollmacht

Volljährigkeit

Wer selbst eine Vorsorgevollmacht anfertigen will, muss volljährig sein. Wer noch nicht volljährig ist, wird dafür auf jeden Fall die Genehmigung sorgeberechtigter Personen benötigen.

Schriftform

Schriftform ist auf jeden Fall erforderlich. Im Gegensatz etwa zur Errichtung eines eigenhändigen Testaments muss die Vorsorgevollmacht allerdings nicht komplett handschriftlich abgefasst werden. Es genügt die Verwendung eines Musters. Dabei sind natürlich die eigenhändige Unterschrift und die Datumsangabe am Ende ganz wichtig.

> Banken und Sparkassen akzeptieren selbst verfasste Vorsorgevollmachten nicht unbedingt. Gerade wenn eine umfassende Vermögensvorsorge über die bevollmächtigte Vertrauensperson übernommen werden soll, ist es mehr als empfehlenswert, dass Sie das Kreditinstitut direkt über die Erstellung der Vollmacht zumindest informieren und dies auch in den Kontounterlagen vermerken lassen.

Muster inhaltlich prüfen

Unerlässlich ist – gerade bei Verwendung eines Musters – die inhaltliche Prüfung: ob tatsächlich alle Ermächtigungen so erteilt werden sollen wie im Muster vorgesehen oder ob Hinzufügungen, besondere Wünsche, Vorgaben oder Verhaltensanweisungen ergänzt werden müssen.

Bestimmte persönliche Weisungen sollten im Innenverhältnis schriftlich ergänzt werden: z. B. Hinweise, dass bestimmte Personen, Institutionen oder z. B. auch Geschäftspartner und Banken aus bestimmten Gründen nicht eingeschaltet werden sollen.

In den nachfolgenden Abschnitten finden Sie ergänzende Erläuterungen.

Muster einer Vorsorgevollmacht

Vorsorgevollmacht

Ich, _____, geboren am _____, wohnhaft in _____, im Vollbesitz meiner geistigen Kräfte, will in Ausübung meines Selbstbestimmungsrechts Vorsorge dafür treffen, dass geschäftliche und persönliche Angelegenheiten aller Art jetzt und künftig in meinem Namen erledigt werden können, und zwar auch dann, wenn ein Eigenhandeln infolge körperlicher oder geistiger Behinderung oder infolge Ortsabwesenheit oder anderweitiger Verhinderung nicht möglich sein sollte.

Damit soll Fremdbestimmung, wie sie das Betreuungsrecht vorsieht, vermieden werden, damit keine möglicherweise fremden Personen für mich Entscheidungen in meinen persönlichen Angelegenheiten treffen können. Die nachfolgenden Vollmachten und Verfügungen sollen aber unabhängig von meiner persönlichen Situation sofort wirksam sein.

Dies vorausgeschickt, erkläre und erteile ich hiermit folgende

**umfassende Allgemeinvollmacht
und Vorsorgevollmacht
mit Betreuungsverfügung.**

§ 1

Allgemeine Vollmacht

Ich, _____,
geboren am _____, wohnhaft in _____, im Vollbesitz meiner geistigen Kräfte, will in Ausübung meines Selbstbestimmungsrechts Vorsorge dafür treffen, dass geschäftliche und persönliche Angelegenheiten aller Art jetzt und künftig in meinem Namen erledigt werden können, und zwar auch dann, wenn ein Eigenhandeln infolge körperlicher oder geistiger Behinderung oder infolge Ortsabwesenheit oder anderweitiger Verhinderung nicht möglich sein sollte. Ich bestelle zu meine__ Bevollmächtigten _____, geboren am _____, wohnhaft in _____ und ermächtige sie/ihn, mich in allen meinen Angelegenheiten gerichtlich und außergerichtlich gegenüber Behörden, Gerichten, Kreditinstituten sowie natürlichen und juristischen Personen ohne Ausnahme, somit gegenüber jedermann und in allen gesetzlich zulässigen Fällen, zu vertreten. Dies gilt für den Fall, dass ich meine Angelegenheiten nicht mehr selbst erledigen kann.

Sollte mein__ Bevollmächtige__ aus tatsächlichen oder gesundheitlichen Gründen nicht in der Lage sein, meine Vertretung zu übernehmen, benenne ich hiermit folgende Person meines Vertrauens und bevollmächtige diese: _____, geboren am _____, wohnhaft in _____. Die Bestellung meines Ersatzbevollmächtigten gilt auch für den Fall, dass _____ zur Vollmachts- und Vertretungsübernahme nicht bereit ist.

D__ Bevollmächtige__ ist berechtigt, jede Rechtshandlung, die ich selbst oder ein Stellvertreter gesetzlich für mich vornehmen könnte, für mich und mit derselben Wirkung vorzunehmen, als wenn ich sie selbst vorgenommen hätte.

D__ Bevollmächtige ist von den Beschränkungen des § 181 BGB befreit, kann mich also auch bei Rechtsgeschäften mit sich selbst oder als Vertreter eines Dritten vertreten. Ich bin mir der Bedeutung dieser Befreiung und der damit unter Umständen verbundenen Risiken bewusst.

Diese Vollmachtserteilungen sollen durch meinen Tod nicht erlöschen. Die Vollmacht ist stets widerruflich. Die Bevollmächtigung umfasst also auch

– die Vermögensverwaltung und/oder

– die Abwicklung nach meinem Tode bis zum Abschluss eines etwaigen Erbscheinverfahrens oder bis zum Beginn einer Testamentsvollstreckung, soweit mit den legitimierten Erben keine anderweitige Vereinbarung getroffen wird.

(Falls gewünscht, als Alternativregelung zu vorherigem Vorschlag:)
Diese Vollmacht erlischt mit meinem Tode, sie ist an meine/n Erben herauszugeben.

D__ Bevollmächtigte darf die allgemeine Vollmacht nach § 1 ganz oder teilweise übertragen sowie Untervollmachten erteilen.

Die Vollmacht dient auch der Vermeidung einer notwendigen Betreuung, ansonsten sollte das zuständige Betreuungsgericht nach §§ 1897 Abs. 4 und 1904 BGB dies als verbindlichen Vorschlag für eine Betreuereinsetzung unbedingt berücksichtigen. Auf die vorsorglich hierzu abgefasste Betreuungsverfügung darf ich ergänzend hinweisen.

Die Vollmacht bleibt daher in Kraft, wenn ich nach ihrer Errichtung geschäftsunfähig geworden bin.

Die Vollmacht berechtigt zur Vornahme aller Rechtshandlungen und Rechtsgeschäfte im Namen des Vollmachtgebers im In- und Ausland, insbesondere – ohne dass durch die folgende beispielhafte Aufzählung die umfassende Vollmacht eingeschränkt wird –

— zur Verfügung über Vermögensgegenstände jeder Art, zum Erwerb und zur Verwaltung von Vermögensgegenständen, insbesondere Verkauf und alle geschäftsähnlichen Handlungen,

— zur Verfügung über Bankkonten, Depots und sonstiges Geldvermögen und zur Regelung aller Bankgeschäfte (entsprechende Konto-/Bankvollmachten sind bei meinen Kreditinstituten ergänzend hinterlegt),

— zur Vertretung gegenüber Versicherungsgesellschaften und den Behörden, Dienststellen der Renten- und Sozialträger, Versorgungseinrichtungen o. Ä.,

— zur Regelung sämtlicher Steuerangelegenheiten und zu sämtlichen Erklärungen gegenüber Finanzbehörden oder eingeschalteten Beratern,

- zum Abschluss und der damit verbunden Aufenthaltsbestimmung und zur Auflösung von Heimverträgen, zur Vertretung gegenüber der jeweiligen Heimleitung,
- zu sämtlichen Prozesshandlungen und allen Verfahrenshandlungen jedes Rechtszweigs außergerichtlich und gerichtlich,
- zu allen Vertragsangelegenheiten, insbesondere Kündigung, Abwicklung und Abschluss von Verträgen,
- zur Vertretung in allen Wohnungsangelegenheiten, insbesondere Kündigung, Verwaltung und Abwicklung von Mietverhältnissen, aber auch anderer in meinem Eigentum stehenden Immobilien und Wohnungen sowie zur Ausübung grundstücksgleicher Rechte,
- zu Maßnahmen nach § 1906 Abs. 1 und Abs. 4 BGB,
- zur Entgegennahme und Öffnung für mich bestimmter Poststücke und Nachrichten im Post- und Fernmeldeverkehr sowie zur Abgabe aller damit zusammenhängenden Willenserklärungen.

Bei allen Handlungen und Erklärungen für und/oder gegen mich muss und soll d__ Bevollmächtigte das Original dieser Vorsorgevollmacht mit sich führen und gegebenenfalls vorlegen können.

D__ Bevollmächtigte haftet lediglich für Vorsatz und grobe Fahrlässigkeit. Von einer weiteren Haftung mir gegenüber ist sie/er befreit. Dies wird einvernehmlich vereinbart.

D__ Bevollmächtigte hat ein von mir unterzeichnetes Original dieser Vollmacht erhalten, eine Kopie befindet sich in meinen persönlichen Unterlagen.

§ 2

Vorsorgevollmacht/Gesundheitsvollmacht

Ich bevollmächtige d__ vorgenannte__ Bevollmächtigte__ außerdem, mich in meinen persönlichen Entscheidungen über mein Wohlergehen, über ärztliche Maßnahmen jeder Art, über meinen Aufenthalt sowie gegebenenfalls über den Abschluss, die Änderung und Beendigung von Heimverträgen in jeder Weise zu vertreten.

Diese Vollmacht berechtigt insbesondere auch

1. zu Einwilligungen in eine Untersuchung des Gesundheitszustands, eine Heilbehandlung oder einen ärztlichen Eingriff, wenn die begründete Gefahr besteht, dass ich aufgrund der Maßnahme sterben oder einen schweren und länger dauernden gesundheitlichen Schaden erleiden kann.

   Dies gilt jedoch nur, wenn die Maßnahmen mit der in der separaten, am _____ eigenhändig errichteten und abgefassten/notariell errichteten Patientenverfügung nach Maßgabe von § 1901a BGB dort geäußerten Wünschen vereinbar sind;

2. zur Abgabe und Durchsetzung aller in meiner Patientenverfügung formulierten Erklärungen gegenüber den behandelnden Ärzten/dem Pflegepersonal. Es darf damit auch, soweit ergänzend notwendig, die Einwilligung zum Abbruch oder Unterlassen lebensverlängernder Maßnahmen erteilt werden, soweit die Patientenverfügung nach Maßgabe von § 1901a BGB der Auslegung bedarf;

3. zu einer Unterbringung, die mit Freiheitsentziehung verbunden ist, dies jedoch nur, solange sie zu meinem Wohl erforderlich ist,

a) weil aufgrund einer psychischen Krankheit oder geistigen oder seelischen Behinderung die Gefahr besteht, dass ich mich selbst töte oder mir erheblichen gesundheitlichen Schaden zufüge, oder

b) weil eine Untersuchung des Gesundheitszustands, eine Heilbehandlung oder ein ärztlicher Eingriff notwendig sind, die ohne meine Unterbringung nicht durchgeführt werden können, und ich aufgrund einer psychischen Krankheit oder geistigen oder seelischen Behinderung die Notwendigkeit der Unterbringung nicht erkennen oder nicht nach dieser Einsicht handeln kann;

4. dazu, mir durch mechanische Vorrichtungen, Medikamente oder auf andere Weise über einen längeren Zeitraum oder regelmäßig die Freiheit zu entziehen, wenn ich mich in einer Anstalt, einem Heim oder einer sonstigen Einrichtung aufhalte, ohne untergebracht zu sein,

soweit diese Maßnahmen zu meinem Wohl erforderlich sind.

Dies gilt unabhängig davon, ob der/die Bevollmächtigte ggf. zu bestimmten Maßnahmen und Handlungen nach § 1904 und § 1906 BGB der betreuungsgerichtlichen Genehmigung bedarf.

Ich entbinde die mich behandelnden Ärzte/Pflegepersonal/nichtärztliches Personal gegenüber de__ Bevollmächtigten von seiner/ihrer Schweigepflicht. Die Ärzte sind verpflichtet, de__ Bevollmächtigten auf Anforderung jede gewünschte Auskunft über meine Erkrankung bzw. den Gesundheitszustand zu geben und Einsicht in die Behandlungsunterlagen zu gewähren.

Eine evtl. Unwirksamkeit einzelner Verfügungen bzw. Festlegungen über diese Vollmacht soll die Wirksamkeit der anderen Verfügungen nicht berühren.

§ 3

Betreuungsverfügung

Sollte die vorgenannte Vollmachtsregelung nicht zur Erledigung aller Aufgaben für mich ausreichen, schlage ich dem zuständigen Betreuungsgericht nach §§ 1897 Abs. 4, 1901a BGB mein__ in § 1 bestimmte__ Bevollmächtigte__, _____, als Betreuer__ vor. Im Verhinderungsfalle oder bei einer nicht erfolgten Übernahme der Betreuung als Ersatzperson meines Vertrauens _____, wie zuvor als Ersatzbevollmächtigte_ benannt. Wobei es mein ausdrücklicher Wunsch ist, dass nur für den Fall, dass eine Betreuerbestellung unumgänglich ist, meine eingesetzten Bevollmächtigten entsprechend der vorgeschlagenen Reihenfolge als Betreuer berücksichtigt werden sollen.

Soweit eine Kontrollbetreuungsbestellung nach § 1896 Abs. 3 BGB erforderlich werden sollte, bitte ich hierfür die benannte Ersatzperson, ansonsten Frau/Herrn _____ hierfür vorzusehen.

Ergänzend wünsche ich, dass Frau/Herr _____ keinesfalls meine Betreuung übernehmen bzw. in ein amtliches Betreuungsverfahren eingebunden werden soll.

§ 4

Weitere Hinweise/Festlegungen

_____
_____
_____
_____
_____
_____

_____
_____
_____
_____
_____
_____
_____
_____, den _____

_____
Unterschrift des Vollmachtgebers und Verfügenden

Zeugenbestätigung:

Zeuge 1:

Ich bestätige heute mit meiner Unterschrift, dass Frau/Herr _____ obige allgemeine Vollmacht, eine Vorsorge- und Betreuungsvollmacht eigenhändig und im Vollbesitz seiner/ihrer geistigen und körperlichen Kräfte verfasst hat und Frau/Herr _____ dies selbstbestimmt und ohne jeglichen äußeren Einfluss verfügte. Frau/Herr _____ ist nach voller Überzeugung des Unterzeichners, die auf dem persönlichen Eindruck und dem ständigen Kontakt zu ihr/ihm beruht, ohne jeden Zweifel geschäftsfähig/einsichtsfähig.

Als Zeuge: _____, geboren am _____, wohnhaft in _____.

_____
Unterschrift des Zeugen

Zeuge 2:

Ich bestätige heute mit meiner Unterschrift, dass Frau/Herr _____ obige allgemeine Vollmacht, eine Vorsorge- und Betreuungsvollmacht eigenhändig und im Vollbesitz seiner/ihrer geistigen und körperlichen Kräfte verfasst hat und Frau/Herr _____ dies selbstbestimmt und ohne jeglichen äußeren Einfluss verfügte. Frau/Herr _____ ist nach voller Überzeugung des Unterzeichners, die auf dem persönlichen Eindruck und dem ständigen Kontakt zu ihr/ihm beruht, ohne jeden Zweifel geschäftsfähig/einsichtsfähig.

Als Zeuge: _____, geboren am _____, wohnhaft in _____.

_____
Unterschrift des Zeugen

> Soweit ein Arzt als Zeuge zur Verfügung steht, kann auch die folgende Zeugenbestätigung verwendet werden:

Als hinzugezogener Arzt bestätige ich hiermit, dass nach einem Beratungsgespräch über die medizinischen Konsequenzen zu den inhaltlichen Festlegungen in dieser Vollmacht diese heute in meiner Gegenwart eigenhändig unterschrieben wurde und im Weiteren keine Zweifel an der Einsichtsfähigkeit, der Selbstbestimmung des freien Willens und der Einwilligungsfähigkeit für die getroffene Verfügung bestehen.

_____

(Ort, Datum und eigenhändige Unterschrift des Arztes mit Praxisstempel)

Wann wird eine Notarvollmacht erforderlich?

Das Bürgerliche Gesetzbuch schreibt vor, dass eine Verfügung rund um Immobilien/Grundstücksangelegenheiten durch notarielle Beurkundung zu erfolgen hat. Dies kann völlig ortsungebunden geschehen, d. h. Sie können die Erstellung einer Vorsorgevollmacht bei jedem beliebigen Notar Ihrer Wahl beurkunden lassen.

Allerdings ist nicht ausgeschlossen, dass der Notar bei bestimmten Festlegungen für Grundstücke etc. Grundbuchauszüge u. Ä. benötigt, wobei im Regelfall zunächst die Vorlage einer unbeglaubigten Abschrift und die Versicherung der Richtigkeit genügen.

Bei einer Vorsorgevollmacht mit einer Berechtigung für bestimmte Rechtsgeschäfte im Zusammenhang mit Grundstücken bzw. Immobilien kann bei gebotenem Handlungsbedarf noch die Genehmigung des Betreuungsgerichts eingeholt werden. Bedeutsam ist in diesem Zusammenhang sicherlich auch die Frage, wer als Bevollmächtigter bzw. Vertrauensperson eingesetzt wird.

Beispiel: der Verkauf des Hauses

> Die im entfernten München wohnende Mutter ist aufgrund ihrer zunehmenden körperlichen Gebrechen nicht mehr in der Lage, vor Ort ihre Immobilie zu führen. Gemeinsam mit ihrer Tochter beschließt sie, ihren Wohnsitz in die Nähe des Wohnorts der Tochter zu verlegen.
>
> Egal ob die Mutter nun noch einen eigenen Haushalt in der Nähe der Tochter führt, in einem Pflegeheim lebt oder in die

> Familie der Tochter aufgenommen wird – die Tochter soll bereits für den Verkauf Hauses als Vertrauensperson handeln können. Aufgrund der noch völligen Einsichtsfähigkeit bietet eine notariell beurkundete Vorsorgevollmacht die Sicherheit, dass die Tochter nahezu alle relevanten Erklärungen gegenüber Behörden etc. abgeben kann.

Bei Vollmachtserteilung stellt sich natürlich auch immer die Frage der uneingeschränkten Rechtsfähigkeit. Entsprechend der Erläuterung zum Thema „Vollbesitz der geistigen Kräfte" (s. S. 19) bietet natürlich eine durch einen Notar errichtete Urkunde über eine Vorsorgevollmacht den Beweis dafür, dass sich der Notar von der uneingeschränkten Geschäftsfähigkeit überzeugt hat. Nur dann wird er diese Erklärungen aufnehmen.

Beispiel: Notar bietet Sicherheit

> Die ältere Mitbürgerin möchte im Hinblick auf eine anstehende Operation und einen damit verbundenen Krankenhausaufenthalt auf jeden Fall noch eine persönliche Vorsorge auch für ihre finanziellen Verhältnisse treffen.
>
> Da keinerlei Kontakt mit einer entfernten Verwandten besteht und ohnehin ein gewisses Zerwürfnis feststellbar ist, erreicht sie durch das Gespräch mit einer ihr nahe stehenden Vertrauensperson, dass diese sich als Bevollmächtigte zur Verfügung stellt. Um bereits im Vorfeld spätere Diskussionen über die vollumfängliche Geschäfts- und Einsichtsfähigkeit zu vermeiden, wird der Notar aufgesucht.

Inhaber und Gesellschafter von Unternehmen

Auch als Inhaber oder Gesellschafter von Unternehmen sollten Sie auf keinen Fall die Kosten für eine notarielle Beurkundung scheuen. Nur damit können Sie sicherstellen, dass

z. B. die Firmenfortführung durch entsprechende Bevollmächtigungen gewährleistet ist – zumal zahlreiche gesellschaftsrechtliche Vorgaben besondere Formvorschriften enthalten, vgl. hierzu die einschlägigen Bestimmungen des GmbH-Gesetzes bzw. Aktiengesetzes.

Schreibunfähigkeit

Es gibt leider auch die Fälle der Schreibunfähigkeit, etwa aufgrund gewisser körperlicher Gebrechen. Wenn Sie also nicht in der Lage sind, die Vollmacht auszudrucken und auch zu unterschreiben, kann der Notar Ihre gesonderte Erklärung aufnehmen und die Vollmachtsurkunde vollständig erstellen. Dies kann natürlich auch in Ihrer Wohnung, im Krankenhaus o. Ä. geschehen, also nicht notwendigerweise in den Diensträumen des Notariats.

Gebühren

Die Gebühr ist meist abhängig von den Wertangaben und auch von der Regelung der Vermögensverhältnisse. Eine vorherige Anfrage kann sich lohnen – selbstverständlich auch dann, wenn ein Rechtsanwalt beauftragt werden soll, da je nach Leistungsaufwand ggf. nach dem Rechtsanwaltsvergütungsgesetz (RVG) ein ggf. höherer Gebührenanspruch entsteht. Es könnte übrigens durchaus auch ein Festpreis ausgehandelt werden.

Registrierung beim Vorsorgeregister?

Registrierung notariell beurkundeter Vorsorgevollmachten

Wurde eine Vorsorgevollmacht durch den Notar erstellt, ist damit auch eine Registrierung sichergestellt, denn die Bundesnotarkammer führt per Gesetz ein automatisiertes Register über Vorsorgevollmachten. Diese Registrierung führt allerdings nicht zu automatischen Benachrichtigungen, wenn der Betreuungsfall eingetreten ist. Aber der Notar wird seinerseits die in der Urkunde enthaltenen Kernangaben und die persönlichen Daten des Vollmachtgebers und -nehmers an das Zentrale Vorsorgeregister weiterleiten. Wenn Sie dies nicht wünschen, müssen Sie Ihren Notar davon in Kenntnis setzen.

Registrierung selbst erstellter Vorsorgevollmachten

War die Registrierung beim Vorsorgeregister früher nur für notarielle Vollmachten vorgesehen, so können seit 2005 auch selbst erstellte Vorsorgevollmachten – und übrigens auch Betreuungsverfügungen – registriert werden.

> Sie können sich selbst online anmelden (www.vorsorgeregister.de, Link „Privatpersonen"). Übernimmt das gleich der Notar oder Anwalt, ein eingeschalteter Betreuungsverein oder in diesem Bereich aktive, gemeinnützige Organisationen mit Mitgliederberatung, fallen für die Registrierung keine zusätzlichen Gebühren an. Berechnet werden vom Notar zudem die niedrigeren Eintragungskosten.

An und für sich gibt es keine Vorgaben in Bezug auf den Antrag auf Eintragung im Vorsorgeregister. Sie sollten jedoch die von der Bundesnotarkammer für die Anmeldung zur Verfügung gestellten Musterformulare einsetzen. Es gibt auch ein zweisprachiges Anmeldeformular (deutsch/türkisch), das von der Website des Bundesjustizministeriums heruntergeladen werden kann (www.bmj.de).

Gebühren

Für die dauerhafte Registrierung werden einmalige Registrierungsgebühren verlangt. Wer z. B. seinen Antrag auf Eintragung einer Vorsorgevollmacht schriftlich (postalisch) an das Zentrale Vorsorgeregister schickt, muss mit einer Gebühr von 16 € rechnen. Gleiches gilt für Änderungen, Ergänzungen oder die Löschung einer Eintragung. Bei mehreren in die Vollmacht aufgenommenen Bevollmächtigten erhöht sich dieser Gebührenaufwand für jeden weiteren Bevollmächtigten um jeweils drei Euro.

Erfolgt der Antrag elektronisch etwa über den Notar oder eine von der Bundesnotarkammer zur Registrierung ermächtigte Stelle, ermäßigt sich diese Gebühr nach der Vorsorge-Registergebühren-Satzung um drei Euro, bei mehr als einem benannten Bevollmächtigten kommen noch jeweils 2,50 Euro hinzu.

Bei einem selbst gestellten schriftlichen Antrag beträgt die Gebühr mit nur einem Bevollmächtigten 15,50 €. Im Formular werden auch Angaben zur Zahlung nach Rechnungsstellung verlangt. Beim Bankeinzug wird Ihr Konto dann erst ca. 10 Tage nach Rechnungsstellung belastet. Möglich ist auch die Angabe zur Überweisung nach Rechnungserhalt entsprechend dem Formularvordruck.

Weitere Gebühreneinsparungen können Sie erreichen, wenn Sie in die Zahlung durch Lastschrifteinzug einwilligen (jeweils 2,50 € Ersparnis gegenüber Abrechnung durch Banküberweisung).

Wer Anmeldungen über das Internet tätigt, muss bei einem in der Vollmacht benannten Bevollmächtigten mit einem Gebührenaufwand von nur 13 € rechnen. Bei eigener Internet-Anmeldung mit mehr als einem in der Vollmacht benannten Bevollmächtigten erhöht sich der Gebührenaufwand ab dem zweiten Bevollmächtigten um jeweils 2,50 €. Nimmt man nicht am Lastschriftverfahren teil, kommen weitere 2,50 € an Gebühren hinzu.

Datenschutz

Nach der Anmeldung werden die Angaben überprüft und die Vorsorgevollmacht wird eingetragen – unter genereller Beachtung von Datenschutz und Datensicherheit.

Falls der eingesetzte Bevollmächtigte nicht gleich mit dem Antrag in die Speicherung seiner persönlichen Daten eingewilligt hat, wird er schriftlich über die Datenspeicherung unterrichtet. Er hat dann die Möglichkeit, die Löschung seiner Daten zu verlangen.

Ansonsten bestimmt natürlich ausschließlich der Vollmachtgeber, ob Änderungen, Ergänzungen oder Löschungen von Eintragungen erfolgen sollen.

Auskunftserteilung

Klar geregelt ist auch die Möglichkeit der Auskunftserteilung. Neben dem Vollmachtgeber und den oder dem Bevollmächtigten kann auch das Betreuungsgericht ein Auskunftsersuchen stellen.

Dabei ist zugunsten des Vollmachtgebers sichergestellt, dass auch jede elektronische Auskunftserteilungen protokolliert werden. Die Verordnung über das Zentrale Vorsorgeregister vom 21.2.2005 (BGBl I 2005, S. 319) sieht vor, dass Eintragungen entsprechend § 4 Abs. 4 dann erst 110 Jahre (!) nach der Geburt des Vollmachtgebers zu löschen sind.

Notwendige Angaben im Online-Antragsformular

Aus den Muster-Antragsformularen (Datenformular für Privatpersonen zum Antrag auf Eintragung einer Vorsorgevollmacht der Bundesnotarkammer unter www.vorsorgeregister.de, Link „Privatpersonen") ist zu ersehen, dass es unabdingbare Pflichtangaben gibt:

- zu den persönlichen Daten des Vollmachtgebers,
- zu den persönliche Daten des oder der vorgesehenen Bevollmächtigten und
- zum Zeitpunkt der Vollmachtserteilung.

Daneben können über den Antrag zur Registrierung auch weitere Angaben zum Inhalt der Vollmacht gemacht werden, also zur Erledigung

- von Vermögensangelegenheiten,
- von Angelegenheiten der Gesundheitsvorsorge,

- von Angelegenheiten der Aufenthaltsbestimmung sowie
- sonstiger persönlicher Angelegenheiten.

Weiterhin kann man vermerken, ob die Vollmacht auch Angaben zum Umfang einer medizinischen Versorgung als Patientenverfügung enthält und/oder das Gericht über eine Betreuungsverfügung einen benannten Betreuer bestellen soll und wo die Vollmacht aufbewahrt ist. Zur Registrierung wird nämlich keinesfalls die Vorlage der Originalvollmacht oder einer Kopie verlangt.

Schriftliche Anträge

Schriftliche Anträge sind an die Bundesnotarkammer – Zentrales Vorsorgeregister – Postfach 080151, 10001 Berlin, zu stellen. Über das Zentrale Vorsorgeregister wird jedoch keinesfalls der vorgesehene Inhalt der Vollmacht oder weiterer Verfügungen überprüft.

> Weitere Auskünfte zur Abgabe der Vorsorgevollmacht oder zur Zielsetzung des Vorsorgeregisters erhalten Sie im Internet unter www.vorsorgeregister.de.

Vorteil der Registrierung

Der Vorteil einer Eintragung ist klar: Über das Register kann jederzeit z. B. vom Betreuungsgericht abgefragt werden, ob eine Vorsorgevollmacht vorhanden ist, ob ein Betreuer bestellt werden muss und ob es hierzu schon Vorschläge der Betreuungsperson gibt. Dies ermöglicht es, sich sehr schnell mit dem genannten Bevollmächtigten in Verbindung zu setzen.

Weit über 1,3 Millionen Registrierungen liegen bereits vor, monatlich finden ca. 20.000 Mail-Kontakte über bei dieses Zentralregister statt.

Hinweis: Ab Jahresanfang 2012 wird dies bundeseinheitlich erweitert durch das neue Zentrale Testamentsregister bei der Bundesnotarkammer. Damit wird auch über diese Stelle ein sicheres und transparentes Benachrichtigungswesen in Nachlasssachen geschaffen. Für das gesamte Bundesgebiet wird dann an einer Stelle vermerkt, ob bei einem Erblasser Verfügungen von Todes wegen vorliegen und wo die Urkunden, Testamente etc. verwahrt sind. Dies geschieht mit einem moderaten Gebührenaufwand, der mit dem beim Vorsorgeregister vergleichbar ist.

> Auch bei Eheleuten bzw. eingetragenen Lebenspartnern muss jeder für sich diesen Antrag auf Registrierung für seine Vollmacht erstellen. Eine gemeinsame Meldung ist grundsätzlich nicht möglich.

Checkliste: Darauf sollten Sie beim Abfassen einer Vorsorgevollmacht achten

	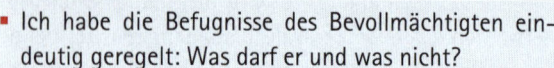
• Ich habe die Befugnisse des Bevollmächtigten eindeutig geregelt: Was darf er und was nicht?	
• Ich habe die Kompetenzen übersichtlich von den Finanzgeschäften bis hin zu den persönlichen Angelegenheiten geregelt, z. B. die Auswahl eines Pflegeheims. (Auch möglich: Verteilung unterschiedlicher Aufgaben auf mehrere Personen)	
• Ich habe einen Ersatzbevollmächtigten benannt, der den Bevollmächtigten ersetzen kann, falls dieser nicht in der Lage ist, die Vollmacht wahrzunehmen.	
• Ich habe darauf geachtet, dass meine Vollmacht aktuell ist und meinem Willen entspricht. (Änderungen und Widerruf jederzeit möglich.)	
• Ich habe Bedingungen vermieden und kein Wirksamkeitsdatum angegeben. (Auch möglich: Wirksamkeit davon abhängig machen, dass vorher ein ärztliches Attest über die Entscheidungsunfähigkeit ausgestellt wird. Im Zweifel: Kontrollbevollmächtigten einsetzen.)	

Betreuungsverfügung

Was kann ich tun, um zu verhindern, dass eine mir fremde Person meine Angelegenheiten regelt, wenn ich es nicht mehr kann? Soweit möglich, berücksichtigt das Betreuungsgericht Ihre Wünsche, wenn Sie diese in einer Betreuungsverfügung dokumentiert haben.

In diesem Kapitel erfahren Sie

- wann ein gesetzlicher Betreuer eingesetzt wird (S. 114),
- welche Formalia für die Betreuungsverfügung gelten (S. 118) und
- für welche Personen sich die Betreuungsverfügung besonders eignet (S. 121).

Wann das Betreuungssgericht eingreift

Wer, aus welchen Gründen auch immer, nicht in der Lage ist, seine persönlichen Angelegenheiten umfassend und selbst zu regeln, erhält durch die Einschaltung des Betreuungsgerichts eine amtliche Betreuung.

Die rechtliche Vorgabe hierzu enthält § 1896 BGB: Das Betreuungsgericht bestellt auf Antrag oder von Amts wegen einen Betreuer, wenn ein Volljähriger aufgrund einer psychischen Krankheit oder einer körperlichen, geistigen oder seelischen Behinderung seine Angelegenheiten ganz oder teilweise nicht mehr (selbst) besorgen kann. Den Antrag kann auch ein Geschäftsunfähiger stellen.

Der Vorschlag, eine bestimmte Person als Betreuer zu bestellen, kann jederzeit, sogar nach erfolgter Erstanhörung, vor dem Amtsgericht (§ 68 Abs. 3 FamFG) und im Beschwerdeverfahren erfolgen.

Der Bundesgerichtshof hat zudem bestätigt (Beschluss v. 16.3.2011, XII ZB 601/10 sowie BGH-Beschluss v. 15.12.2010, XII ZB 601/10), dass ein Betreuungsgericht nach § 1895 Abs. 4 Satz 1 BGB dem vorgelegten bindenden Vorschlag, eine bestimmte Person als Betreuer zu bestellen, zu folgen hat. Dies selbst dann, wenn bei dem Betroffenen von einer nicht nur vorübergehenden Beeinträchtigung der freien Willensbildung auszugehen ist oder dieser zu diesem Zeitpunkt sogar geschäftsunfähig ist.

Gegen den freien Willen eines Volljährigen darf ein Betreuer nicht bestellt werden (§ 1896 Abs. 1a BGB). Häufig wird aber – wenn eine Willensäußerung nicht mehr möglich ist – eine völlig familienfremde Person, meist ein Berufsbetreuer, bestellt. Dies können Sie durch eine Betreuungsverfügung verhindern.

> Eine Betreuungsverfügung ist allerdings nicht immer verbindlich. Für Verfügungen in Bezug auf ärztliche Maßnahmen sollte unbedingt eine gesonderte Patientenverfügung erstellt werden.

Berücksichtigung Ihrer Verfügung

Haben Sie durch eine Betreuungsverfügung bestimmt, wer für solche Fälle zu bestellen ist, hat das Betreuungsgericht diese vorab geäußerten und ausdrücklich erklärten Wünsche und Vorschläge zu beachten (§ 1897 Abs. 4 BGB). Weitere Voraussetzung ist allerdings, dass die ausgewählte Person das Amt des Betreuers auch annimmt.

> Betreuungsverfügungen können zentral bei der Bundesnotarkammer registriert werden. Vor Bestellung eines Betreuers prüft das Gericht, ob eine Betreuungsverfügung vorliegt.

Wann wird das Betreuungsgericht tätig?

Das Betreuungsgericht wird meist auf Antrag tätig. Familienangehörige, aber auch außen stehende Dritte können das Betreuungsgericht einschalten. In der Praxis geschieht dies auch durch Pflegeheime, Altenheime, teilweise durch Krankenhäuser und vergleichbare Einrichtungen. Sie werden vor allem dann tätig, wenn aufgrund einer stationären Behandlung z. B. erkennbar wird, dass die Einsichtsfähigkeit und auch die Entscheidungsfähigkeit aufgrund bestimmter Erkrankungen und wegen des körperlichen oder geistigen Zustands nicht mehr vorhanden ist.

Manchmal genügen aber auch konkrete Hinweise bzw. Empfehlungen – dann wird das Betreuungsgericht tätig: Dies geschieht häufig bei Alleinstehenden ohne soziale Kontakte zu Angehörigen oder Freunden.

Wie geht das Betreuungsgericht vor?

Wird das Betreuungsgericht auf Antrag oder von Amts wegen aktiv, so wird zunächst einmal konkret ermittelt,

- in welchem Umfang eine Betreuung notwendig ist und
- wer die Betreuung übernehmen kann.

Liegen keine Vorschläge oder Empfehlungen für bestimmte Personen, Organisationen etc. vor, versucht das Betreuungsgericht, aufgrund seiner Erfahrungswerte einen geeigneten Betreuer zu finden. Ob ein ehrenamtlicher Betreuer, ein Betreuungsverein oder sogar ein beruflicher Betreuer eingesetzt wird, entscheidet dann das Betreuungsgericht im Interesse und zum Wohle des Betreuungsbedürftigen.

Um welche Bereiche kümmert sich der Betreuer?

Entsprechend § 1901 BGB kann

- eine Betreuung für Teilbereiche oder
- eine umfassende Betreuung angeordnet werden.

Die Betreuung sollte aber alle erforderlichen Tätigkeiten umfassen, damit die notwendigen Angelegenheiten der Betreuungsperson geregelt werden können.

Beispiel: der Sohn als Betreuer in finanziellen Fragen

Die Mutter wird von ihrem Sohn in dessen Wohnung gepflegt. Sie ist nicht mehr in der Lage, ihre täglichen Geschäfte vor allem im finanziellen Bereich zu erledigen.

Ein Angestellter der Bank macht den Sohn darauf aufmerksam, dass er sich an das Betreuungsgericht wenden kann. Er tut dies und das Betreuungsgericht hört die Mutter an. Sie möchte gerne, dass der Sohn für sie handelt. Das Betreuungsgericht bestellt den Sohn zunächst nur für den Bereich der Vermögensvorsorge als Betreuer.

Er erhält als Legitimation einen Betreuerausweis und ist dann verpflichtet, nach Absprache mit dem Betreuungsgericht Rechenschaft über seine Tätigkeiten für seine Mutter abzulegen.

Die Betreuung kann natürlich auch noch mehr Bereiche umfassen, wenn z. B. die Mutter an einer fortschreitenden Demenzerkrankung leidet und unbedingt einer umfassenden und dauerhaften Pflege bedarf. Das Betreuungsgericht kann hier eine umfassende Betreuung veranlassen.

Dem Betreuer wird also für bestimmte Bereiche die Vertretungsmacht übertragen. Ist allerdings ersichtlich, dass der Betreute ansonsten geschäftsfähig ist, darf er in den übrigen Bereichen selbstständig handeln.

Pflichten des Betreuers

In § 1901 Abs. 1, 3 BGB ist festgelegt, dass der Betreuer die geäußerten Wünsche und Verfügungen des Betreuten zu beachten hat, sofern sein Aufgabenkreis betroffen ist.

Der Betreuer unterliegt jedoch unter bestimmten Voraussetzungen der Kontrolle des Betreuungsgerichts. Er hat durch die Bestellung im Sinne des § 1902 BGB die Stellung eines gesetzlichen Vertreters. Möglich ist auch die Betreuung von Volljährigen durch anerkannte Betreuungsvereine, die ihrerseits wieder die Wahrnehmung der Betreuung einzelnen Personen übertragen (§§ 1900, 1901 BGB). Mit Aufhebung bzw. Entlassung des Betreuers ist die Vertretung nach § 1908b BGB beendet. Der Betreuer haftet gegenüber dem Betreuten für schuldhafte Pflichtverletzungen unmittelbar (vgl. § 1833 BGB i. V. m. § 1908i BGB).

Bestellung eines Ergänzungsbetreuers

Das Betreuungsgericht kann zusätzlich zum Betreuer noch einen sog. Ergänzungsbetreuer bestellen.

Wird beispielsweise erkennbar, dass die geringe Witwenrente oder das Pflegegeld nicht ausreichen, um die Kosten für die dauerhafte Unterbringung in einer Pflegeeinrichtung abdecken zu können, wird eventuell der Verkauf einer Immobilie notwendig. Dazu benötigt der Betreuer die Zustimmung des Betreuungsgerichts. Dieses wiederum wird hier ggf. einen Ergänzungsbetreuer bestellen, der im Einvernehmen mit dem eingesetzten Betreuer den Verkauf der Immobilie begleitet und die notwendigen Zustimmungen für die Betreuungsperson erteilt.

Anwendungsbereich und Formalia der Betreuungsverfügung

In einer Betreuungsverfügung können Sie bereits jetzt festlegen, wer Ihre Betreuung übernehmen soll, wenn Sie nicht mehr in der Lage sind, eigene Entscheidungen zu treffen. Das

Betreuungsgericht gericht setzt dann den von Ihnen eingesetzten Angehörigen oder engen Vertrauten ein.

Keine besonderen Formvorgaben

Dazu gibt es grundsätzlich keine besonderen Formvorgaben, d. h. Sie können eine Betreuungsverfügung

- handschriftlich oder
- am PC schreiben oder
- von einen Notar oder Rechtsanwalt erstellen lassen.

Vorausgesetzt ist dabei immer,

- dass Sie zum Zeitpunkt der Erstellung der Betreuungsverfügung im Vollbesitz Ihrer geistigen Kräfte sind,
- das genaue Datum, zu dem die Betreuungsverfügung abgefasst wurde, vermerken und
- Ihre eigenhändige Unterschrift daruntersetzen.

Zeugen hinzuziehen

Wie bei der Vorsorgevollmacht können auch hier Zeugen eine wichtige Rolle spielen, damit es nachher nicht zu Streitigkeiten kommt. Lassen Sie sich also zeitnah zur Errichtung durch einen beliebigen Zeugen oder mehrere Zeugen bestätigen, dass bei Ihnen volle Einsichtsfähigkeit vorhanden war, und zwar wiederum mit Datumsangabe und Unterschrift. Bei einer durch den Notar erstellten Verfügung ist dies nicht nötig, denn der Notar bescheinigt ja die volle Einsichts- und Willensfähigkeit.

> Optimal ist natürlich die Beglaubigung der Unterschrift durch einen Notar oder eine Betreuungsbehörde. Damit können Sie jegliche Bedenken – auch in Bezug auf die „Echtheit" Ihrer Unterschrift – ausräumen.

Sie sollten in Ihrer Betreuungsverfügung auch festlegen, wer für die medizinische Beurteilung, ob ein Betreuungsfall vorliegt, zuständig sein soll. Dafür kann z. B. der Hausarzt in Frage kommen oder ein sonstiger Arzt Ihres Vertrauens.

Registrierung bei der Bundesnotarkammer

Nach § 1901a BGB besteht eine Ablieferungspflicht an das Betreuungsgericht für diejenigen Personen, die Vorschläge zur Betreuung einer Person besitzen oder davon Kenntnis erlangt haben. Dennoch sollte man zur Sicherheit von der Möglichkeit Gebrauch machen, die Betreuungsverfügung bei der Bundesnotarkammer zu melden, sodass das Gericht vom Bestehen der Verfügung Kenntnis erlangt.

Anweisungen für den Betreuer

Zudem können Sie in eine Betreuungsverfügung ganz persönliche Anweisungen mit aufnehmen, die der Betreuer zu erfüllen hat. Im Regelfall wären dies zum Beispiel

- gewisse finanzielle Festlegungen,
- ergänzende Anweisungen zur Pflege einer Grabstätte oder
- der Wunsch, dass Sie so lange wie möglich in der eigenen Wohnung gepflegt und betreut werden möchten. Allerdings ist der Ausschluss jeglicher Unterbringung in einem externen Pflegeheim bzw. einer Pflegeeinrichtung kaum durchsetzbar.

Widerruf, Änderung, Ergänzung

Wie jede Vollmacht können Sie natürlich auch die Betreuungsverfügung jederzeit widerrufen, abändern oder ergänzen. Bestätigen Sie auch hier in regelmäßigen Abständen mit Datumsangabe und Unterschrift die Gültigkeit der bereits getroffenen, schriftlich vorliegenden Entscheidung. Wenn eine Vorsorgevollmacht und Betreuungsverfügung notariell erstellt wurde und z. B. die darin vorgesehene und früher eingesetzte Vollmacht – oder Betreuungsperson – ausgewechselt werden soll, müssen Sie Kontakt zu einem Notar aufnehmen.

Betreuungsverfügung oder Vorsorgevollmacht?

Ob eine Betreuungsverfügung möglicherweise entbehrlich ist, weil z. B. bereits eine umfassende Vorsorgevollmacht vorliegt, ist natürlich schwer zu entscheiden. Aber diese Verfügung gibt zumindest die Sicherheit, dass, falls das Betreuungsgericht eingeschaltet werden sollte, klare Angaben zu den Vertrauenspersonen vorliegen, die Sie sich als Betreuer wünschen. Diese Angaben wird das Gericht auf jeden Fall berücksichtigen.

Ideal für Selbstständige

Der Betreuungsverfügung kommt neben der Vorsorgevollmacht insbesondere für

- Selbstständige,
- Gewerbetreibende und
- Gesellschafter

besondere Bedeutung zu.

Beispiel: Der pflegebedürftige Geschäftsführer

> Herr Buchner war bislang Gesellschafter-Geschäftsführer bei einer von ihm gegründeten GmbH. Durch einen Schlaganfall wird er pflegebedürftig.
>
> Es gibt zwar im Unternehmen einige bestellte Bevollmächtigte, z. B. Prokuristen, und weitere Geschäftsführer. Wenn Herr Buchner aber nicht mehr persönlich entscheiden und handeln kann – etwa beim Erwerb von Grundstücken, bei der Aufnahme weiterer Gesellschafter oder sogar beim Verkauf des Unternehmens – muss zur Abgabe bestimmter Erklärungen ein gesetzlicher Vertreter handeln. Hier müsste das Betreuungsgericht eingeschaltet werden.

Wenn Sie bereits eine Vorsorgevollmacht erstellt haben und diese im Zentralen Vorsorgeregister registrieren lassen, können Sie dort gleichzeitig auf eine vorhandene Betreuungsverfügung hinweisen. In Notarurkunden mit Vorsorgevollmacht und Patientenverfügung erfolgen meist auch gleichzeitig die Erwähnung und die notwendigen kurzen Festlegungen zu Betreuungsverfügungen.

Ihr persönlicher Notfallausweis

Den nachfolgenden persönlichen Notfallausweis sollten Sie ausfüllen und bei sich tragen. Dies ist zwar nicht Pflicht, kann aber dafür sorgen, dass etwa bei Unfällen Ihre persönlichen Festlegungen sofort dem Grunde nach erkennbar sind:

Mein persönlicher Notfallausweis

Für den Fall einer schweren Erkrankung, eines Unfalls und erkennbarer Beeinträchtigung meiner körperlichen/geistigen Leistungsfähigkeit weise ich von meiner Seite aus daraufhin, dass eine

( ) Patientenverfügung

( ) Vorsorgevollmacht/Betreuungsverfügung

erstellt wurde. Diese Verfügungen/Vorgaben und Wünsche sollen von Ärzten, Pflegern und den Krankenhäusern/Pflegeeinrichtungen usw. beachtet werden.

Zu meiner Person:

Name und Geburtsdatum, derzeitige Anschrift/Telefonnr.:

_____

_____

Die vollständigen Schriftstücke sind hinterlegt/befinden sich bei:

_____

Eine Registrierung beim Zentralen Vorsorgeregister ist zusätzlich erfolgt: ( ) ja ( ) nein

Weitere Hinweise:

_____

Ich bin Organspender ( ) ja ( ) nein

Im Notfall bitte unbedingt sofort zu verständigen:

(Name, Anschrift, Telefon):

_____

_____

_____

_____

(Ort, Datum, eigenhändige Unterschrift)

Nützliche Links

- www.berufsbetreuer.de
  Informationen zur gesetzlichen Betreuung
- http://wiki.btprax.de
  Online-Lexikon Betreuungsrecht
- www.medizinethik.de
  Informationen zu Medizinethik & Betreuungsrecht
- http://www.zme-bochum.de/deutsch/veroeffentlichungen/index.html
  Formulare zur persönlichen Vorsorge
- www.zme-bochum.de/deutsch/dokumente-links/links/mailingliste-betreuungsrecht/index.html
  Mailingliste Betreuungsrecht des Zentrums für medizinische Ethik, Bochum
- www.patverfue.de
  Formulare und Rechtliches zur Patientenverfügung
- www.bgt-ev.de
  Betreuungsgerichtstag e. V.

Stichwortverzeichnis

Amtsbetreuung 87
Aufbewahrung 59, 61 f.
Beatmung, künstliche 37 ff.
Berufsbetreuer 115
Betreuungsbehörde 90
Betreuungsplan 90
Betreuungsverein 90
Betreuungsverfügung 41
    Muster 93
    Widerruf 121
Demenz 14, 33, 51, 57, 117
Einwilligungsfähigkeit 7
Generalvollmacht 81
Gesamtbevollmächtigung 85
Geschäftsfähigkeit,
    uneingeschränkte 20
Gesundheitsvollmacht 98
Indirekte Sterbehilfe 8, 10
Kombinationsbevollmächtigung 83
Kontrollbevollmächtigter 82
    Rechnungslegung 79
    Zeitpunkt des Eingreifens 79
Lebenserhaltende Maßnahmen 7 f.
Lebensverlängernde Maßnahmen 8
Notarurkunde 20
Notarvollmacht 103
Notfallausweis 123
Organspende 39
Palliative Maßnahmen 9
Palliativmedizinische Versorgung 8
Passive Sterbehilfe 8, 10
Patientenautonomie 16
Patientenverfügung 6
    Aufbewahrung 59
    Demenz 33
    Einwilligungsunfähigkeit 33
    Gehirnschädigung 32
    Minderjährige 10
    Muster 46
    ungültige 54 f.
    Verbindlichkeit 12
    Wachkoma 32, 56
    Wertvorstellungen 30
    Widerruf 8, 18
    Zeugen 24
    Ziele 18
Patientenwille 17
Selbstbestimmungsrecht 6, 16
Sterbehilfe 10
Sterbehilfe, indirekte 35
Verfahrensbevollmächtigte 83
Vollbesitz der geistigen Kräfte 19 f.
Vollmacht
    Außenverhältnis 81
    bedingte 80
    Innenverhältnis 81
    postmortale 80
    transmortale 80
    unbedingte 80
Vorausverfügung 17
Vorsorgevollmacht 41, 67
    Aufenthaltsbestimmung 67
    Ersatzbevollmächtigter 112
    Formerfordernisse 92
    Gesundheitsangelegenheiten 67
    Muster 93
    Notar 103
    Registrierung 106
    Schenkungen 84
    Umfang 71
    Vermögensangelegenheiten 67
    Wirkungsbereich 67
Zentrales Vorsorgeregister 106

Bibliografische Information der Deutschen Nationalbibliothek
Die Deutsche Nationalbibliothek verzeichnet diese Publikation in der Deutschen Nationalbibliografie; detaillierte bibliografische Daten sind im Internet über http://dnb.d-nb.de abrufbar.

ISBN 978-3-648-02056-2
Bestell-Nr. 00917-0003

3., aktualisierte Auflage 2011

© 2011, Haufe-Lexware GmbH & Co. KG, Munzinger Straße 9, 79111 Freiburg
Redaktionsanschrift: Fraunhoferstraße 5, 82152 Planegg/München
Telefon: (089) 895 17-0
Telefax: (089) 895 17-290
www.haufe.de
online@haufe.de
Lektorat: Text+Design Jutta Cram
Redaktion: Jürgen Fischer
Redaktionsassistenz: Christine Rüber

Alle Rechte, auch die des auszugsweisen Nachdrucks, der fotomechanischen Wiedergabe (einschließlich Mikrokopie) sowie die Auswertung durch Datenbanken oder ähnliche Einrichtungen vorbehalten.

Umschlaggestaltung: kienle gestaltet, Stuttgart
Umschlagentwurf: Agentur Buttgereit & Heidenreich, 45721 Haltern am See
DTP: Agentur: Satz & Zeichen, Karin Lochmann, 83071 Stephanskirchen
Druck: freiburger graphische betriebe, 79108 Freiburg

Die Autoren

Prof. Gerhard Geckle

ist als Rechtsanwalt, Fachanwalt für Steuerrecht mit eigener Kanzlei in Freiburg. Er hat zahlreiche Ratgeber sowie Fachbeiträge zu den Themen rechtliche Vorsorge und Erben verfasst. Als Experte berät er regelmäßig in Rundfunk- und Fernsehsendungen.

Dr. Michael Bonefeld

ist bundesweit anerkannter Spezialist im Bereich Erbrecht. Er ist Fachanwalt für Erb- und Familienrecht und Mitautor von juristischen Standardwerken und Kommentaren zum Erb- und Familienrecht. Außerdem ist er Herausgeber der „Zeitschrift für Steuer- und Erbrechtspraxis" (ZErb).

Weitere Literatur

„Patientenverfügung und Testament", von Prof. Gerhard Geckle, 228 Seiten, mit CD-ROM, € 16,80.
ISBN 978-3-448-09507-4, Bestell-Nr. 07213

Mustermappe „Vorsorge und Patientenverfügung", von RA Prof. Gerhard Geckle, 81 Seiten, € 7,95.
ISBN 978-3-648-01489-9, Bestell-Nr. 07189

„Die Vorsorgemappe: mit Patientenverfügungen, Vorsorgevollmachten und Testamenten", von Michael Bonefeld, 231 Seiten, mit CD-ROM, € 19,80.
ISBN 978-3-448-10088-4, Bestell-Nr. 02012

Haufe TaschenGuides
Kompakte Informationen zum kleinen Preis

➜ Der Betrieb in Zahlen
- ABC des Finanz- und Rechnungswesens
- Balanced Scorecard
- Betriebswirtschaftliche Formeln
- Bilanzen
- BilMoG
- Buchführung
- Businessplan
- BWL Grundwissen
- BWL kompakt
- Controllinginstrumente
- Deckungsbeitragsrechnung
- Einnahmen-Überschussrechnung
- Finanz- und Liquiditätsplanung
- Formelsammlung Betriebswirtschaft
- Formelsammlung Wirtschaftsmathematik
- Die GmbH
- IFRS
- Kaufmännisches Rechnen
- Kennzahlen
- Kontieren und buchen
- Kostenrechnung
- Statistik
- VWL Grundwissen

➜ Mitarbeiter führen
- Besprechungen
- Checkbuch für Führungskräfte
- Führungstechniken
- Die häufigsten Managementfehler
- Management
- Mitarbeitergespräche
- Moderation
- Motivation
- Neu als Chef
- Projektmanagement
- Qualitätsmanagement
- Spiele für Workshops und Seminare
- Teams führen
- Workshops
- Zielvereinbarungen und Jahresgespräche

➜ Karriere
- Assessment Center
- Existenzgründung
- Gründungszuschuss
- Jobsuche und Bewerbung
- Vorstellungsgespräche

➜ Geld und Specials
- Sichere Altersvorsorge
- Börse
- Energie sparen im Haushalt
- Energieausweis
- Geldanlage von A-Z
- Immobilien erwerben
- Immobilienfinanzierung
- Meine Ansprüche als Rentner
- Die neue Rechtschreibung
- Eher in Rente
- Web 2.0
- Zitate für Beruf und Karriere
- Zitate für besondere Anlässe

➜ Persönliche Fähigkeiten
- Allgemeinwissen Schnelltest
- Ihre Ausstrahlung
- Burnout
- Business-Knigge
- Mit Druck richtig umgehen
- Emotionale Intelligenz
- Entscheidungen treffen